PONS

Bildwörterbuch
DEUTSCH
als Fremdsprache

PONS Langenscheidt GmbH
Stuttgart

INHALT

HINWEISE ZUR BENUTZUNG DES WÖRTERBUCHS

Mit den 1.500 nützlichsten Wörtern ist dieses Wörterbuch im täglichen Leben Ihr idealer Begleiter. Hier die wichtigsten Tipps, wie Sie den größten Nutzen aus dem Buch ziehen:

1. Schnell nachschlagen

Dieses Wörterbuch ist nach den neun wichtigsten Themenfeldern aus dem Alltagsleben gegliedert. Ob im Haushalt, unterwegs oder im Beruf: Blättern Sie zum relevanten Kapitel und schon haben Sie die Wörter, die Sie brauchen, auf einen Blick. Sie suchen ein ganz bestimmtes Wort? Schlagen Sie einfach hinten im alphabetischen Index nach.

2. Aktiv lernen

Wer schreibt, lernt schneller. Damit Sie Platz haben, bei der Erfassung des Wortschatzes eigene Eintragungen zu machen, steht bei jedem Stichwort eine Schreiblinie. Gehen Sie aktiv mit dem Wörterbuch um und nutzen Sie die Linie, um alles festzuhalten, was Sie beim Lernen unterstützt: Tragen Sie die Übersetzung eines Worts in Ihrer Muttersprache ein, fügen Sie Gedächtnisstützen hinzu, oder ergänzen Sie weiteren Wortschatz aus demselben Themenfeld. Kurze Hinweise auf typische Wortverbindungen sowie auf Stolpersteine wie eine knifflige Rechtschreibung oder eine schwer erschließbare Bedeutung finden ebenfalls hier Platz. Wie von selbst wird das Bildwörterbuch zu Ihrem ganz persönlichen, zweisprachigen Nachschlagewerk.

3. Die wichtigsten Sätze

Ob Sie auf Deutsch nach der Uhrzeit fragen, oder eine Pizza zum Mitnehmen bestellen: Im Bildwörterbuch finden Sie neben der reinen Wort-Bild-Zuordnung auch Kästen mit nützlichen Wörtern und Sätzen für den Alltag. Prägen Sie sich diese Sätze gut ein und schon haben Sie den Grundstein für eine erfolgreiche Kommunikation gelegt.

Entdecken Sie im Mini-Sprachführer ab Seite 117 noch mehr praktische Formulierungen für unterwegs, am Telefon oder beim Arzt. So drücken Sie sich in den wichtigsten und häufigsten Situationen mit Sicherheit auf Deutsch aus.

4. Richtig aussprechen

Damit Sie jedes Wort richtig aussprechen, haben wir allen Wörtern und Sätzen eine

Lautschrift beigefügt. Eine Übersicht über die verwendeten phonetischen Zeichen finden Sie auf der ersten Seite des Buches.

5. Genus und Pluralform gleich mitlernen

Um noch besser auf Deutsch zu kommunizieren, lohnt es sich, sich zusätzlich zum Stichwort auch ein paar Grundregeln einzuprägen. So können Sie mit den gelernten Wörtern richtige Sätze bilden. Daher finden Sie im Wörterbuch bei jedem Substantiv die folgenden Angaben:

Das Genus (Geschlecht) des Stichworts wird durch den Artikel ausgedrückt:

der = Maskulinum

die = Femininum

das = Neutrum

Die Pluralform steht unmittelbar neben dem Stichwort. Um Platz zu sparen, haben wir diese bei regelmäßigen Pluralformen abgekürzt angegeben (Tomate ***-en*** *= Tomaten), bei unregelmäßigen Fällen steht sie voll ausgeschrieben (Apfel* ***Äpfel****).*

Außerdem haben wir mit den folgenden Abkürzungen gearbeitet:

- = Die Pluralform ist mit der Singularform identisch

kein Pl *= Das Wort ist nur im Singular gebräuchlich*

Pl *= Das Wort ist nur im Plural gebräuchlich*

Die Stichwörter in diesem Wörterbuch stehen immer in der Singularform, es sei denn sie werden in der Regel nur in der Pluralform verwendet.

6. Ganz ohne Worte

Sollten Ihnen doch mal die Worte fehlen, zeigen Sie einfach auf das entsprechende Bild. So können Sie sich überall auf der Welt ganz ohne Sprache verständigen.

Das sollten Sie noch wissen

Es war uns wichtig, bei Funktions- und Berufsbezeichnungen Männer und Frauen gleichermaßen und gleichberechtigt zu berücksichtigen. Da wir aber aus Platzgründen nicht immer beide Geschlechter gleichzeitig abbilden können, orientiert sich das Geschlecht des Worts immer am Geschlecht der abgebildeten Figur.

FAMILIE UND FREUNDSCHAFT

DIE FAMILIE

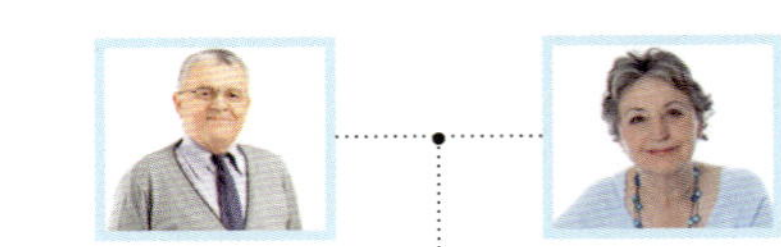

der ***Schwiegervater***
-väter [ˈʃviːgɐfaːtɐ]

die ***Schwiegermutter***
-mütter [ˈʃviːgɐmʊtɐ]

die ***Schwägerin***
-nen [ˈʃvɛːgərɪn]

der ***Schwager***
Schwäger [ˈʃvaːgɐ]

der ***Ehemann***
-männer [ˈeːəman]

die ***Ehefrau*** **-en**
[ˈeːəfrau]

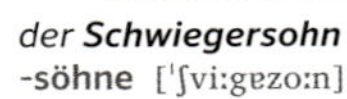

der ***Schwiegersohn***
-söhne [ˈʃviːgɐzoːn]

die ***Tochter***
Töchter [ˈtɔxtɐ]

der ***Sohn***
Söhne [zoːn]

der ***Enkel*** **-**
[ˈɛŋkl̩]

die ***Enkelin***
-nen [ˈɛŋkəlɪn]

DIE FAMILIE

der ***Großvater***
-väter ['gro:sfa:tɐ]

die ***Großmutter***
-mütter ['gro:smʊtɐ]

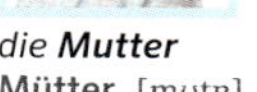

die ***Mutter***
Mütter [mʊtɐ]

der ***Vater***
Väter [fa:tɐ]

die ***Tante*** -n
['tantə]

der ***Onkel*** -
['ɔŋkl̩]

die ***Schwester*** -n
['ʃvɛstɐ]

der ***Bruder***
Brüder ['bru:dɐ]

die ***Cousine*** -n
[ku'zi:nə]

die ***Nichte*** -n
['nɪçtə]

der ***Neffe*** -n
['nɛfə]

BEZIEHUNGEN

das ***Baby*** -s
[ˈbeːbi]

....

das ***Kind*** -er
[kɪnt]

....

die ***Frau***
Frauen [frau]

....

Frau ...
[frau]

....

die ***Jugendliche*** -n
[ˈjuːgn̩tlɪçə]

....

die ***Zwillinge***
Pl [ˈtsvɪlɪŋə]

....

das ***Paar*** -e
[paːɐ̯]

....

die ***Freundin*** -nen
[ˈfrɔyndɪn]

....

der ***Freund*** -e
[ˈfrɔynt]

....

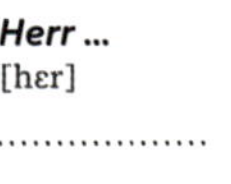

der/die ***Verwandte*** -n [fɛɐ̯ˈvantə]	....
die ***Großeltern*** Pl [ˈgroːsʔɛltɐn]	....
die ***Eltern*** Pl [ˈɛltɐn]	....
das ***Ehepaar*** -e [ˈeːəpaːɐ̯]	....
ledig [ˈleːdɪç]	....
verheiratet [fɛɐ̯ˈhairaːtet]	....
geschieden [gəˈʃiːdn̩]	....
verwitwet [fɛɐ̯ˈvɪtvət]	....
verwandt [fɛɐ̯ˈvant]	....

Herr ...
[hɛr]

....

der ***Mann***
Männer [man]

....

der ***Junge*** -n
['jʊŋə]

....

das ***Mädchen*** -
['mɛːtçən]

....

die ***Freunde***
Pl ['frɔyndə]

....

jemanden vorstellen
[jeːmandn̩ 'foːɐ̯ʃtɛlən]

....

jemanden begrüßen
[jeːmandn̩ bə'gryːsn̩]

....

sich die Hand geben
[zɪç diː 'hant geːbn̩]

....

sich verbeugen
[zɪç fɛɐ̯'bɔygn̩]

....

sich umarmen
[zɪç ʊm'ʔarmən]

....

der/die ***Bekannte*** -n
[bə'kantə]

....

der ***Erwachsene*** -n [ɛɐ̯'vaksn̩ə]	....
die ***Geschwister*** Pl [gə'ʃvɪstɐ]	....
der ***Patenonkel*** - ['paːtn̩ɔŋkl̩]	....
die ***Patentante*** -n ['paːtn̩tantə]	....
der ***Stiefvater*** -väter ['ʃtiːffaːtɐ]	....
die ***Stiefmutter*** -mütter ['ʃtiːfmʊtɐ]	....
der ***Stiefbruder*** -brüder ['ʃtiːfbruːdɐ]	....
die ***Stiefschwester*** -n ['ʃtiːfʃvɛstɐ]	....
der ***Nachbar*** -n ['naxbaːɐ̯]	....
die ***Nachbarin*** -nen ['naxbaːrɪn]	....

BEZIEHUNGEN

jemandem einen Kuss geben
[je:mandɛm ainən ˈkʊs ge:bn̩]

sich verabschieden
[zɪç fɛɐ̯ˈʔapʃi:dn̩]

winken
[ˈvɪŋkn̩]

lachen
[ˈlaxn̩]

weinen
[ˈvainən]

jemanden anrufen
[je:mandn̩ ˈanru:fn̩]

das ***kleine Geschenk***
[klainə gəˈʃɛŋk]

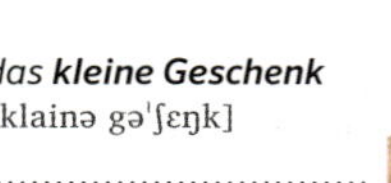

die ***Hochzeit*** -en
[ˈhɔxtsait]

der ***Geburtstag*** -e
[gəˈbu:ɐ̯tsta:k]

Hallo! [haˈlo:]
Guten Tag! [gu:tn̩ ˈta:k]
Guten Morgen! [gu:tn̩ ˈmɔrgn̩]
Guten Abend! [gu:tn̩ ˈa:bn̩t]
Wie heißt du? [vi: ˈhaist du:]
Wie heißen Sie? [vi: ˈhaisn̩ zi:]
Ich heiße ... [ɪç ˈhaisə]
Herzlich willkommen! [hɛrtslɪç vɪlˈkɔmən]
Tschüss! [tʃy:s]
Auf Wiedersehen! [auf ˈvi:dɐze:ən]

WOHNUNG UND HAUSHALT

DIE WOHNUNG

das **Einfamilienhaus** -häuser ['ainfamiːli̯ənhaus]

das **Mehrfamilienhaus** -häuser ['meːɐ̯famiːli̯ənhaus]

der **Briefkasten** -kästen ['briːfkastn̩]

die **Türklingel** -n ['tyːɐ̯klɪŋl̩]

die **Sprechanlage** -n ['ʃprɛçʔanlaːgə]

die **Hausnummer** -n ['hausnʊmɐ]

der **Hausschlüssel** - ['hausʃlʏsl̩]

das **Türschloss** -schlösser ['tyːɐ̯ʃlɔs]

der **Fußabtreter** - ['fuːsaptreːtɐ]

die **Eigentumswohnung** -en ['aign̩tuːmsvoːnʊŋ]
die **Mietwohnung** -en ['miːtvoːnʊŋ]
der **Hof** Höfe [hoːf]
das **Eigentum** -e ['aign̩tuːm]
das **Grundstück** -e ['grʊntʃtʏk]
der **Umbau** -bauten ['ʊmbau]
der **Anbau** -bauten ['anbau]
zu verkaufen [tsuː fɛɐ̯'kaufn̩]

der ***Hausmeister*** -
['hausmaistɐ]

der ***Dachboden***
-böden ['daxbo:dn̩]

der ***Keller*** -
['kɛlɐ]

der ***Flur*** -e
[flu:ɐ̯]

der ***Aufzug***
Aufzüge ['auftsu:k]

die ***Garage*** -n
[ga'ra:ʒə]

der ***Rauchmelder*** -
['rauxmɛldɐ]

das ***Treppenhaus***
-häuser ['trɛpn̩haus]

mieten ['mi:tn̩]

die ***Miete*** -n ['mi:tə]

vermieten [fɛɐ̯'mi:tn̩]

der ***Vermieter*** - [fɛɐ̯'mi:tɐ]

die ***Vermieterin*** -nen [fɛɐ̯'mi:tɐrin]

der ***Mieter*** - ['mi:tɐ]

die ***Mieterin*** -nen ['mi:tɐrin]

die ***Kaution*** -en [kau'tsi̯o:n]

der ***Mietvertrag***
-verträge ['mi:tfɛɐ̯tra:k]

DAS HAUS

das **Dachfenster** -
['daxfɛnstɐ]

....

der **Schornstein** -e
['ʃɔrnʃtain]

....

die **Dachrinne** -n
['daxrɪnə]

....

der **Dachziegel** -
['daxtsi:gl̩]

....

die **Dachgaube** -n
['daxgaubə]

....

der **erste Stock**
['e:ɐ̯stə ʃtɔk]

....

das **Dach**
Dächer [dax]

....

der **Balkon** -s; -e
[bal'kɔŋ]

....

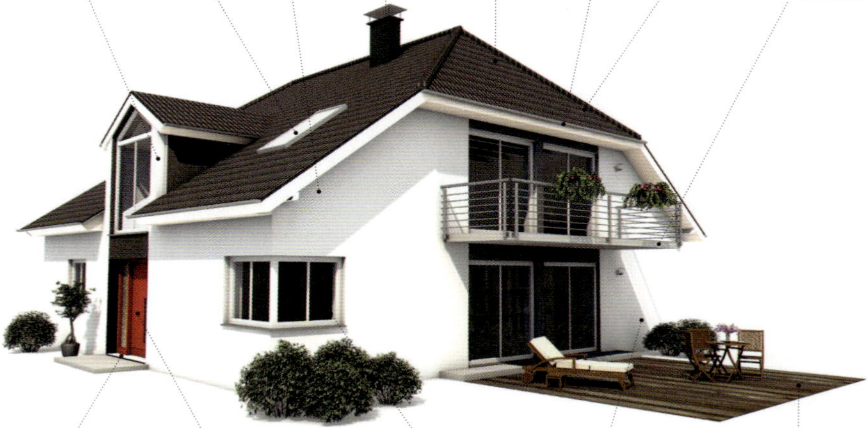

die **Türschwelle** -n
['ty:ɐ̯ʃvɛlə]

....

die **Haustür** -en
['hausty:ɐ̯]

....

das **Fenster** -
['fɛnstɐ]

....

das **Erdgeschoss** -e
['e:ɐ̯tgəʃɔs]

....

die **Terrasse** -n
[tɛ'rasə]

....

das **Schlüsselbrett** -er
[ˈʃlʏsl̩brɛt]

der **Kleiderhaken** -
[ˈklaidɐha:kn̩]

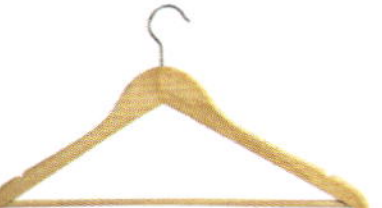

der **Kleiderbügel** -
[ˈklaidɐby:gl̩]

der **Schuhlöffel** -
[ˈʃu:lœfl̩]

das **Bücherregal** -e
[ˈby:çɐrega:l]

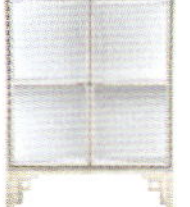

die **Vitrine** -n
[viˈtri:nə]

die **Fernsehbank** -bänke [ˈfɛrnze:baŋk]

die **Schlafcouch** -en; -s [ˈʃla:fkautʃ]

die **Blumenvase** -n
[ˈblu:mənva:zə]

die **Anrichte** -n
[ˈanrɪçtə]

der **Hochstuhl** -stühle [ˈho:xʃtu:l]

die **Wanduhr** -en
[ˈvantʔu:ɐ̯]

DAS WOHNZIMMER

der ***Spiegel*** -
[ˈʃpiːgl̩]

....

der ***Vorhang***
Vorhänge [ˈfoːɐ̯haŋ]

....

der ***Ventilator*** -en
[vɛntiˈlaːtoːɐ̯]

....

die ***Decke*** -n
[ˈdɛkə]

....

das ***Sofa*** -s
[ˈzoːfa]

....

die ***Lampe*** -n
[ˈlampə]

....

der ***Beistellschrank***
-schränke
[ˈbaiʃtɛlʃraŋk]

....

der ***Kamin*** -e
[kaˈmiːn]

....

der ***Sessel*** -
[ˈzɛsl̩]

....

der ***Couchtisch*** -e
[ˈkautʃtɪʃ]

....

der ***Teppichboden***
-böden [ˈtɛpɪçboːdn̩]

....

das **Rollo** -s ['rɔlo]

der **Kronleuchter** - ['kro:nlɔyçtɐ]

der **Stuhl** **Stühle** [ʃtu:l]

die **Vitrine** -n [vi'tri:nə]

die **Zimmerpflanze** -n ['tsɪmɐpflantsə]

das **Fensterbrett** **-er** ['fɛnstɐbrɛt]

der **Esstisch** **-e** ['ɛstɪʃ]

der **Tischläufer** - ['tɪʃlɔyfɐ]

die **Tischdekoration** **-en** ['tɪʃdekoratsi̯o:n]

die **Kerze** **-n** ['kɛrtsə]

der **Holzboden** **-böden** ['hɔltsbo:dn̩]

DIE KÜCHE

die ***Einbauküche*** -n
[ˈainbaukʏçə]

die ***Spülmaschine*** -n
[ˈʃpy:lmaʃi:nə]

die ***Arbeitsplatte***
-n [ˈarbaitsplatə]

der ***Hängeschrank***
-schränke [ˈhɛŋəʃraŋk]

die ***Dunstabzugshaube***
-n [ˈdʊnstʔaptsu:kshaubə]

der ***Herd***
-e [he:ɐ̯t]

der ***Backofen***
-öfen [ˈbakʔo:fn̩]

das ***Spülbecken***
- [ˈʃpy:lbɛkn̩]

der ***Küchenhocker***
- [ˈkʏçn̩hɔkɐ]

die ***Schublade*** -n
[ˈʃu:pla:də]

der ***Gefrierschrank***
-schränke
[gəˈfri:ɐ̯ʃraŋk]

der ***Kühlschrank***
-schränke
[ˈky:lʃraŋk]

die ***Mikrowelle*** *-n*
[ˈmiːkrovɛlə]

der ***Mixer*** *-*
[ˈmɪksɐ]

die ***Küchenmaschine*** *-n*
[ˈkʏçn̩maʃiːnə]

das ***Handrührgerät*** *-e*
[ˈhantryːɐ̯gərɛːt]

der ***Wasserkocher*** *-*
[ˈvasɐkɔxɐ]

der ***Toaster*** *-*
[ˈtoːstɐ]

die ***Küchenwaage*** *-n*
[ˈkʏçn̩vaːgə]

der ***Reiskocher*** *-*
[raiskɔxɐ]

die ***Kaffeemaschine*** *-n*
[ˈkafemaʃiːnə]

das ***Küchenpapier*** *-e*
[ˈkʏçn̩papiːɐ̯]

die ***Schürze*** *-n*
[ˈʃʏrtsə]

das ***Backblech*** *-e*
[ˈbakblɛç]

DIE KÜCHE

das ***Tablett*** -s; –e
[taˈblɛt]

....

der ***Topfhandschuh*** -e
[ˈtɔpfhantʃuː]

....

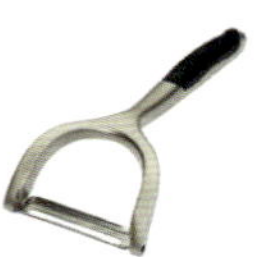

der ***Schäler*** -
[ˈʃɛːlɐ]

....

das ***Schneidebrett*** -er
[ˈʃnaidəbrɛt]

....

das ***Küchenmesser*** -
[ˈkʏçn̩mɛsɐ]

....

das ***Küchensieb*** -e
[ˈkʏçn̩ziːp]

....

der ***Dosenöffner*** -
[ˈdoːzn̩œfnɐ]

....

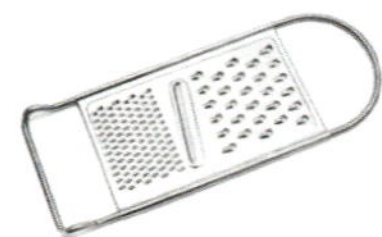

die ***Reibe*** -n
[ˈraibə]

....

der ***Kochlöffel*** -
[ˈkɔxlœfl̩]

....

die ***Bratpfanne*** -n
[ˈbraːtpfanə]

....

der ***Wok*** -s
[vɔk]

....

der ***Kochtopf***
-töpfe [ˈkɔxtɔpf]

....

DAS SCHLAFZIMMER

das **Doppelbett** -en
[ˈdɔpl̩bɛt]

....

das **Kopfkissen** -
[ˈkɔpfkɪsn̩]

....

der **Kissenbezug** -**bezüge** [ˈkɪsn̩bətsuːk]

....

die **Nachttischlampe** -**n** [ˈnaxttɪʃlampə]

....

die **Kommode** -n
[kɔˈmoːdə]

....

die **Bettdecke** -n
[ˈbɛtdɛkə]

....

das **Laken** -
[ˈlaːkn̩]

....

der **Teppich** -e
[ˈtɛpɪç]

....

der **Hocker** -
[ˈhɔkɐ]

....

die **Matratze** -n
[maˈtratsə]

....

der **Nachttisch** -e
[ˈnaxttɪʃ]

....

DAS KINDERZIMMER

der ***Ball***
Bälle [bal]

....

die ***Puppe*** -n
[ˈpʊpə]

....

die ***Wickeltasche*** -n
[ˈvɪkl̩taʃə]

....

der ***Kinderwagen*** -
[ˈkɪndɐva:gn̩]

....

das ***Babyfon***® -e
[ˈbe:bifo:n]

....

der ***Laufstall***
-ställe [ˈlaufʃtal]

....

das ***Töpfchen*** -
[ˈtœpfçən]

....

die ***Babytragetasche***
-n [ˈbe:bitra:gətaʃə]

....

der ***Schulranzen*** -
[ˈʃu:lrantsn̩]

....

das ***Bauklötzchen*** -
[ˈbauklœtsçən]

....

der ***Babyschlafsack***
-säcke [ˈbe:biʃla:fzak]

....

die ***Rassel*** -n
[ˈrasl̩]

....

DAS BADEZIMMER

der ***Spiegel*** -
['ʃpi:gl̩]

....

das ***Waschbecken*** -
['vaʃbɛkn̩]

....

die ***Dusche*** -n
['du:ʃə]

....

das ***Handtuch***
-tücher ['hanttu:x]

....

der ***Wasserhahn***
-hähne ['vasɐha:n]

....

die ***Badewanne*** -n
['ba:dəvanə]

....

die ***Toilette*** -n
[twa'lɛtə]

....

der ***Klostein*** -e
['klo:ʃtain]

....

das ***Toilettenpapier*** -e
[twa'lɛtn̩papi:ɐ̯]

....

die ***Klobürste*** -n
['klo:bʏrstə]

....

DIE WASCHKÜCHE

die ***Waschmaschine*** *-n* [ˈvaʃmaʃiːnə]

....

der ***Fleckenentferner*** *-* [ˈflɛkn̩ɛntfɛrnɐ]

....

das ***Bleichmittel*** *-* [ˈblaiçmɪtl̩]

....

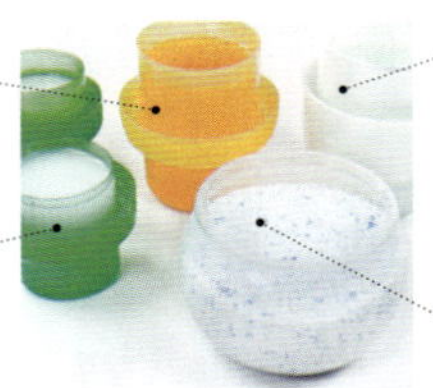

der ***Weichspüler*** *-* [ˈvaiçʃpyːlɐ]

....

das ***Waschpulver*** *-* [ˈvaʃpʊlvɐ]

....

die ***Wäscheleine*** *-n* [ˈvɛʃəlainə]

....

die ***Wäscheklammer*** *-n* [ˈvɛʃəklamɐ]

....

das ***Bügeleisen*** *-* [ˈbyːgl̩ʔaizn̩]

....

das ***Bügelbrett*** **-bretter** [ˈbyːgl̩brɛt]

....

die ***Waschmaschine füllen*** [diː ˈvaʃmaʃiːnə fʏlən] ....

die ***Wäsche waschen*** [diː ˈvɛʃə vaʃn̩] ....

die ***Wäsche schleudern*** [diː ˈvɛʃə ʃlɔydɐn] ....

der ***Wäscheständer*** *-* [ˈvɛʃəʃtɛndɐ] ....

der ***Wäschetrockner*** *-* [ˈvɛʃətrɔknɐ] ....

der ***Schmutzwäschekorb*** **-körbe** [ˈʃmʊtsvɛʃəkɔrp] ....

die ***Wäsche zum Trocknen aufhängen*** [diː vɛʃə tsʊm ˈtrɔknən aufhɛŋən] ....

bügeln [ˈbyːgl̩n] ....

REINIGUNGSARTIKEL

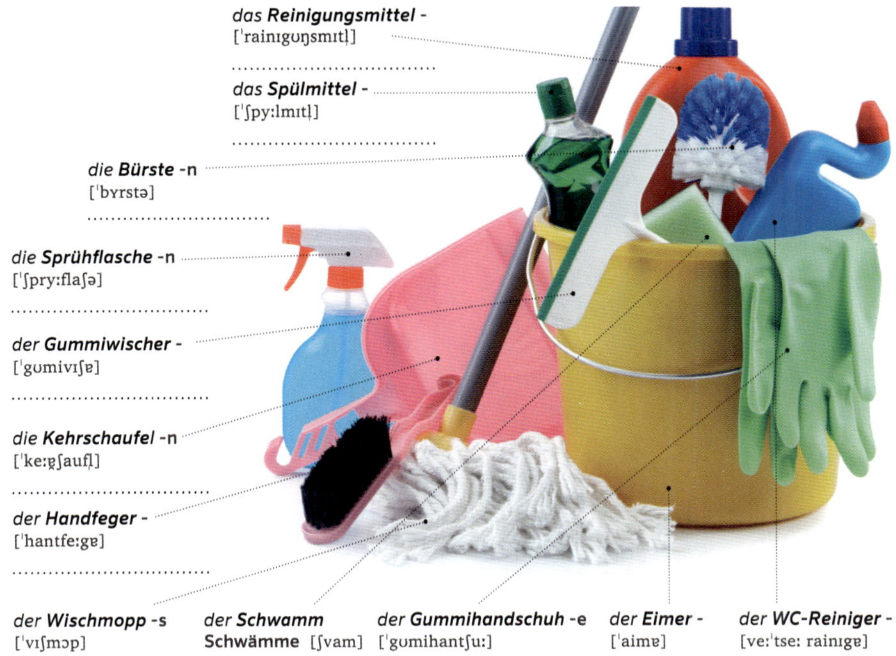

das ***Reinigungsmittel*** -
[ˈrainɪɡʊŋsmɪtl̩]
....

das ***Spülmittel*** -
[ˈʃpyːlmɪtl̩]
....

die ***Bürste*** -n
[ˈbʏrstə]
....

die ***Sprühflasche*** -n
[ˈʃpryːflaʃə]
....

der ***Gummiwischer*** -
[ˈɡʊmivɪʃɐ]
....

die ***Kehrschaufel*** -n
[ˈkeːɐ̯ʃaufl̩]
....

der ***Handfeger*** -
[ˈhantfeːɡɐ]
....

der ***Wischmopp*** -s
[ˈvɪʃmɔp]
....

der ***Schwamm***
Schwämme [ʃvam]
....

der ***Gummihandschuh*** -e
[ˈɡʊmihantʃuː]
....

der ***Eimer*** -
[ˈaimɐ]
....

der ***WC-Reiniger*** -
[veːˈtseː rainɪɡɐ]
....

DIE HEIMWERKSTATT

die **Handsäge** -n
[ˈhantzɛːgə]

....

das **Schleifpapier** -e
[ˈʃlaifpapiːɐ̯]

....

das **Teppichmesser** -
[ˈtɛpɪçmɛsɐ]

....

der **Schraubenschlüssel** -
[ˈʃraubn̩ʃlʏsl̩]

....

das **Maßband**
-bänder [ˈmaːsbant]

....

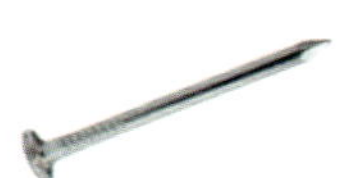

der **Nagel**
Nägel [ˈnaːgl̩]

....

der **Hammer**
Hämmer [ˈhamɐ]

....

die **Wasserwaage** -n
[ˈvasɐvaːgə]

....

die **Kombizange** -n
[ˈkɔmbitsaŋə]

....

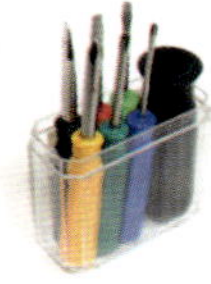

der **Schraubenzieher** -
[ˈʃraubn̩tsiːɐ]

....

die **Schraube** -n
[ˈʃraubə]

....

die **Mutter** -n
[ˈmʊtɐ]

....

der **Akkubohrer** -
[ˈakuboːrɐ]

der **Akku** -s
[ˈaku]

der **Bohrer** -
[ˈboːrɐ]

der **Elektrobohrer** -
[eˈlɛktroboːrɐ]

der **Besen** -
[ˈbeːzn̩]

der **Müllbeutel** -
[ˈmʏlbɔytl̩]

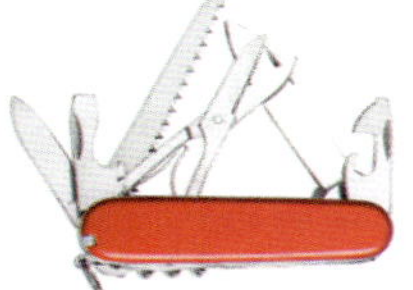

das **Taschenmesser** -
[ˈtaʃn̩mɛsɐ]

der **Inbusschlüssel** -
[ˈɪnbʊsʃlʏsl̩]

DIE HEIMWERKSTATT

das ***Verdünnungsmittel*** *-* [fɛɐ̯ˈdʏnʊŋsmɪtl̩]

der ***Flachpinsel*** *-* [ˈflaxpɪnzl̩]

tapezieren [tapeˈtsiːrən]

die ***Tapetenrolle*** *-n* [taˈpeːtn̩rɔlə]

der ***Tapeziertisch*** *-e* [tapeˈtsiːɐ̯tɪʃ]

die ***Farbwanne*** *-n* [ˈfarpvanə]

der/die ***Spachtel*** *-* [ˈʃpaxtl̩]

das ***Abdeckband*** **-bänder** [ˈapdɛkbant]

die ***Farbe*** *-n* [ˈfarbə]

der ***Werkzeugkasten*** **-kästen** [ˈvɛrktsɔykkastn̩]

kacheln [ˈkaxl̩n]

verputzen [fɛɐ̯ˈpʊtsn̩]

spachteln [ˈʃpaxtl̩n]

die ***Tapete entfernen*** [diː taˈpeːtə ɛntfɛrnən]

die ***Abdeckfolie*** *-n* [ˈapdɛkfoːli̯ə]

die ***Spachtelmasse*** *-n* [ˈʃpaxtl̩masə]

das ***Lösungsmittel*** *-* [ˈløːzʊŋsmɪtl̩]

das ***Versiegelungsmittel*** *-* [fɛɐ̯ˈziːglʊŋsmɪtl̩]

der **Heizkörper** -
[ˈhaitskœrpɐ]

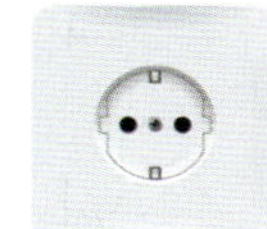
die **Steckdose** -n
[ˈʃtɛkdoːzə]

der **Stecker** -
[ˈʃtɛkɐ]

das **Verlängerungskabel** -
[fɛɐ̯ˈlɛŋərʊŋskaːbl̩]

die **Sicherung** -en
[ˈzɪçərʊŋ]

der **Stromzähler** -
[ˈʃtroːmtsɛːlɐ]

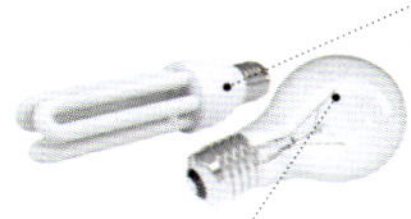
die **Glühbirne** -n
[ˈglyːbɪrnə]

die **Energiesparlampe** -n
[enɛrˈgiːʃpaːɐ̯lampə]

die **Heizung anschalten/ausschalten**
[diː ˈhaitsʊŋ anʃaltn̩/ausʃaltn̩]

die **Solarheizung** -en [zoˈlaːɐ̯haitsʊŋ]

die **Zentralheizung** -en [tsɛnˈtraːlhaitsʊŋ]

die **Fußbodenheizung** -en [ˈfuːsboːdn̩haitsʊŋ]

der **Sicherungskasten** -kästen [ˈzɪçərʊŋskastn̩]

die **Leitung** -en [ˈlaitʊŋ]

der **Adapter** - [aˈdaptɐ]

der **Schalter** -
[ˈʃaltɐ]

die **Mehrfachsteckdose** -n
[ˈmeːɐ̯faxʃtɛkdoːzə]

DER GARTEN

der ***Gartenschlauch*** **-schläuche** [ˈgartn̩ʃlaux]

die ***Rosenschere*** -n [ˈroːzn̩ʃeːrə]

der ***Spaten*** - [ˈʃpaːtn̩]

der ***Rechen*** - [ˈrɛçn̩]

der ***Rasenmäher*** - [ˈraːzn̩mɛːɐ]

die ***Schubkarre*** -n [ˈʃuːpkarə]

den ***Rasen mähen*** [deːn ˈraːzn̩ mɛːən]

Unkraut jäten [ˈʊnkraut jɛːtn̩]

zurückschneiden [tsuˈrʏkʃnaidn̩]

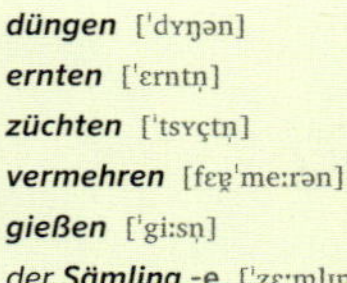

düngen [ˈdʏŋən]
ernten [ˈɛrntn̩]
züchten [ˈtsʏçtn̩]
vermehren [fɛɐ̯ˈmeːrən]
gießen [ˈgiːsn̩]
der ***Sämling*** -e [ˈzɛːmlɪŋ]
der ***Dünger*** - [ˈdʏŋɐ]
der ***Unkrautvernichter*** - [ˈʊnkrautfɛɐ̯nɪçtɐ]

STRASSE UND SCHIENE

STRASSEN UND VERKEHR

① die **Straßenlaterne** -n [ˈʃtraːsn̩latɛrnə]

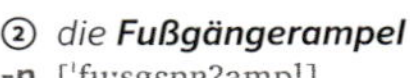

② die **Fußgängerampel** -n [ˈfuːsgɛŋɐʔampl̩]

③ der **Bürgersteig** -e [ˈbʏrgɐʃtaik]

④ die **Ampel** -n [ˈampl̩]

⑤ die **Fahrspur** -en [ˈfaːɐ̯ʃpuːɐ̯]

der **Tunnel** -; -s [ˈtʊnl̩]

der **Zebrastreifen** - [ˈtseːbraʃtraifn̩]

die **Brücke** -n [ˈbrʏkə]

der **Kreisverkehr** -e [ˈkraisfɛɐ̯keːɐ̯]

die **Autobahn** -en
['ɛutoba:n]

....

① der **Mittelstreifen** -
['mɪtl̩ʃtraifn̩]

....

② die **Überholspur** -en
[y:bɐ'ho:lʃpu:ɐ̯]

....

③ die **Überführung** -en
[y:bɐ'fy:rʊŋ]

....

④ die **Unterführung** -en [ʊntɐ'fy:rʊŋ]

....

⑤ die **Einfahrt** -en
['ainfa:ɐ̯t]

....

⑥ die **Ausfahrt** -en
['ausfa:ɐ̯t]

....

die **Kreuzung** -en ['krɔytsʊŋ] ....
die **Vorfahrt** kein Pl ['fo:ɐ̯fa:ɐ̯t] ....
die **Geschwindigkeitsüberschreitung** -en [gə'ʃvɪndɪçkaitsʔy:bɐʃraitʊŋ] ....
anhalten ['anhaltn̩] ....
der **Standstreifen** - ['ʃtantʃtraifn̩] ....
die **Raststätte** -n ['rastʃtɛtə] ....
die **Entfernungstafel** -n [ɛnt'fɛrnʊŋsta:fl̩] ....
rückwärtsfahren ['rʏkvɛrtsfa:rən] ....

der **Stau** -s
[ʃtau]

....

STRASSEN UND VERKEHR

Einfahrt verboten
[ˈainfaːɐ̯t fɛɐ̯ˈboːtn̩]

das ***Halteverbot*** *-e*
[ˈhaltəfɛɐ̯boːt]

Einbiegen nach rechts verboten
[ˈainbiːgn̩ naːx rɛçts fɛɐ̯ˈboːtn̩]

Einbiegen nach links verboten
[ˈainbiːgn̩ naːx lɪŋks fɛɐ̯ˈboːtn̩]

Wenden verboten
[ˈvɛndn̩ fɛɐ̯ˈboːtn̩]

die ***Baustelle*** *-n*
[ˈbauʃtɛlə]

der ***Gegenverkehr***
kein Pl [ˈgeːgn̩fɛɐ̯keːɐ̯]

das ***Gefälle*** *-*
[gəˈfɛlə]

die ***Schnee- oder Eisglätte*** **kein Pl**
[ˈʃneː oːdɐ ˈaisglɛtə]

die ***Geschwindigkeitsbegrenzung*** *-en*
[gəˈʃvɪndɪçkaitsbəgrɛntsʊŋ]

Vorfahrt gewähren!
[ˈfoːɐ̯faːɐ̯t gəˈvɛːrən]

die ***Einbahnstraße*** *-n*
[ˈainbaːnʃtraːsə]

die **Beifahrerseite** -n
['baifa:rɐzaitə]

....

das **Dach**
Dächer [dax]

....

die **Windschutzscheibe**
-n ['vɪntʃʊtsʃaibə]

....

die **Fahrerseite** -n
['fa:rɐzaitə]

....

das **Blinklicht** -er
['blɪŋklɪçt]

....

der **Rückspiegel** -
['rʏkʃpi:gl̩]

....

der **Scheibenwischer** -
['ʃaibn̩vɪʃɐ]

....

der **Kühlergrill** -s
['ky:lɐgrɪl]

....

die **Stoßstange** -n
['ʃto:sʃtaŋə]

....

das **Rad**
Räder [ra:t]

....

das **Nummernschild** -er
['nʊmɐnʃɪlt]

....

der **Nebelscheinwerfer** -
['ne:bl̩ʃainvɛrfɐ]

....

DAS AUTO

① *die* ***Motorhaube*** -n
[ˈmo:to:ɐ̯haubə]

② *der* ***Seitenspiegel*** -
[ˈzaitn̩ʃpi:gl̩]

③ *die* ***Autotür*** -en
[ˈautoty:ɐ̯]

④ *die* ***Radkappe*** -n
[ˈra:tkapə]

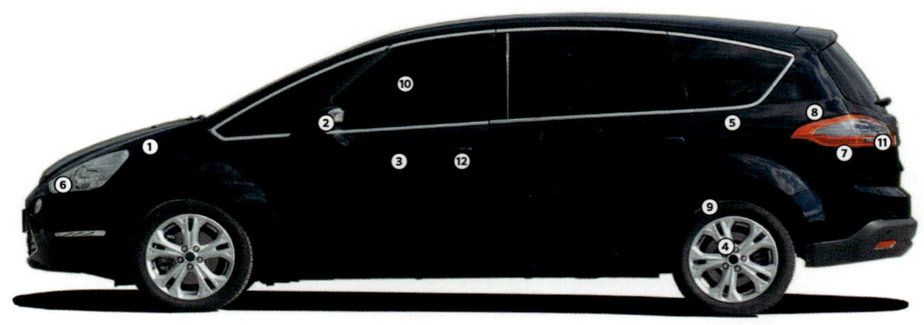

⑤ *der* ***Kofferraum*** **-räume** [ˈkɔfɐraum]

⑥ *der* ***Scheinwerfer*** -
[ˈʃainvɛrfɐ]

⑦ *die* ***Bremsleuchte*** -n
[ˈbrɛmslɔyçtə]

⑧ *die* ***Rückleuchte*** -n
[ˈrʏklɔyçtə]

⑨ *der* ***Reifen*** -
[ˈraifn̩]

⑩ *das* ***Seitenfenster*** -
[ˈzaitn̩fɛnstɐ]

⑪ *der* ***Rückfahrschein-werfer*** -
[ˈrʏkfa:ɐ̯ʃainvɛrfɐ]

⑫ *der* ***Türgriff*** -e
[ˈty:ɐ̯grɪf]

① *der* ***Seitenspiegel*** **-** [ˈzaitn̩ʃpi:gl̩]

② *das* ***Armaturenbrett*** **-er** [armaˈtu:rənbrɛt]

③ *das* ***Handschuhfach*** **-fächer** [ˈhantʃu:fax]

④ *der* ***Beifahrersitz*** **-e** [ˈbaifa:rezɪts]

⑤ *der* ***Schalthebel*** **-** [ˈʃalthe:bl̩]

⑥ *die* ***Handbremse*** **-n** [ˈhantbrɛmzə]

⑦ *der* ***Fahrersitz*** **-e** [ˈfa:rezɪts]

⑧ *das* ***Lenkrad*** **-räder** [ˈlɛŋkra:t]

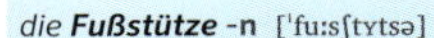

die ***Fußstütze*** **-n** [ˈfu:sʃtʏtsə]

das ***Kupplungspedal*** **-e** [ˈkʊplʊŋspeda:l]

das ***Bremspedal*** **-e** [ˈbrɛmspeda:l]

das ***Gaspedal*** **-e** [ˈga:speda:l]

der ***Sicherheitsgurt*** **-e** [ˈzɪçɐhaitsgʊrt]

die ***Kopfstütze*** **-n** [ˈkɔpfʃtʏtsə]

der ***Airbag*** **-s** [ˈɛ:ɐ̯bɛk]

die ***Hupe*** **-n** [ˈhu:pə]

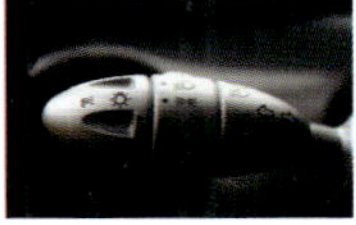

der ***Blinkerhebel*** **-** [ˈblɪŋkɐhe:bl̩]

DAS AUTO

die **Preisanzeige** -n
[ˈpraisʔantsaigə]

die **Literanzeige** -n
[ˈliːtɐʔantsaigə]

der **Feuerlöscher** -
[ˈfɔyɐlœʃɐ]

die **Zapfsäule** -n
[ˈtsapfzɔylə]

das **Reifenfüllgerät** -e
[ˈraifn̩fʏlgərɛːt]

tanken
[ˈtaŋkn̩]

das **Benzin**
kein Pl [bɛnˈtsiːn]

bleifrei
[ˈblaifrai]

der **Diesel**
kein Pl [ˈdiːzl̩]

verbleit
[fɛɐ̯ˈblait]

der **Zapfschlauch**
-schläuche [ˈtsapfʃlaux]

der **Motor** -en [ˈmoːtoːɐ̯]
der **Benzintank** -s [bɛnˈtsiːntaŋk]
das **Getriebe** - [gəˈtriːbə]
der **Kühler** - [ˈkyːlɐ]
der **Ventilator** -en [vɛntiˈlaːtoːɐ̯]
die **Batterie** -n [batəˈriː]
der **Auspufftopf** -töpfe [ˈauspʊftɔpf]
das **Auspuffrohr** -e [ˈauspʊfroːɐ̯]

den ***Reifen wechseln*** [de:n ˈraifn̩ vɛksl̩n]

der ***Radmutternschlüssel*** - [ˈra:tmʊtɐnʃlʏsl̩]

das ***Reserverad*** **-räder** [reˈzɛrvəra:t]

die ***Reifenpanne*** -n [ˈraifn̩panə]

der ***Verkehrsunfall*** **-unfälle** [fɛɐ̯ˈke:ɐ̯sʔʊnfal]

Ich habe eine Panne. [ɪç ha:bə ainə ˈpanə]

Könnten Sie bitte den Pannendienst anrufen? [kœntn̩ zi: bɪtə de:n ˈpanəndi:nst ˈanru:fn̩]

Der Motor springt nicht an. [de:ɐ̯ ˈmo:to:ɐ̯ ʃprɪŋt nɪçt an]

das ***Starthilfekabel*** - [ˈʃtarthɪlfəka:bl]

Könnten Sie mir Starthilfe geben? [kœntn̩ zi: mi:ɐ̯ ˈʃtarthɪlfə ge:bn̩]

der ***Ersatzreifen*** - [ɛɐ̯ˈzatsraifn̩]

Könnten Sie mir beim Reifenwechseln helfen? [kœntn̩ zi: mi:ɐ baim ˈraifn̩vɛksl̩n hɛlfn̩]

DER BUS

der **Reisebus**
-busse [ˈraizəbʊs]

der **Gepäckraum**
-räume [gəˈpɛkraum]

die **Bushaltestelle** -n
[ˈbʊshaltəʃtɛlə]

das **Wartehäuschen** -
[ˈvartəhɔysçən]

der **Fahrplan**
-pläne [ˈfaːɐ̯plaːn]

der **Halteknopf**
-knöpfe [ˈhaltəknɔpf]

die **Halteschlaufe** -n
[ˈhaltəʃlaufə]

der **Schulbus**
-busse [ˈʃuːlbʊs]

der **Niederflurbus** -busse [ˈniːdɐfluːɐ̯bʊs]
der **Busbahnhof** -bahnhöfe [ˈbʊsbaːnhoːf]
der **Linienbus** -busse [ˈliːni̯ənbʊs]
der **Kleinbus** -busse [ˈklainbʊs]
die **Monatskarte** -n [ˈmoːnatskartə]
der **Fahrpreis** -e [ˈfaːɐ̯prais]
die **Fahrkarte** -n [ˈfaːɐ̯kartə]
der **Fahrkartenautomat** -en [ˈfaːɐ̯kartn̩ʔautomaːt]

der ***Sattel***
Sättel ['zatl̩]

der ***Lenker*** -
['lɛŋkɐ]

das ***Vorderrad***
-räder ['fɔrdɐra:t]

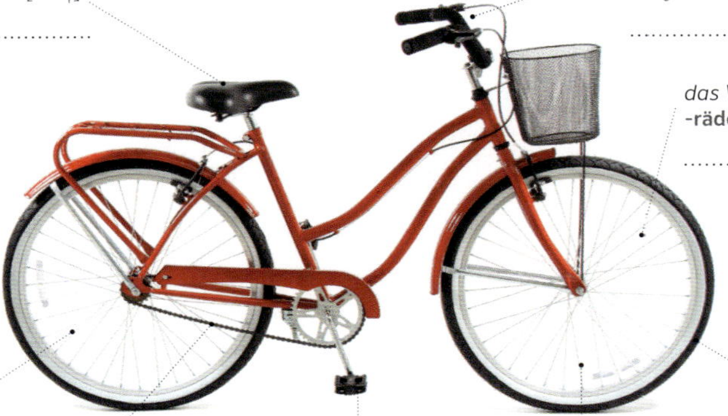

der ***Reifen*** -
['raifn̩]

das ***Hinterrad***
-räder ['hɪntɐra:t]

die ***Kette*** **-n**
['kɛtə]

das ***Pedal*** **-e**
[pe'da:l]

die ***Speiche*** **-n**
['ʃpaiçə]

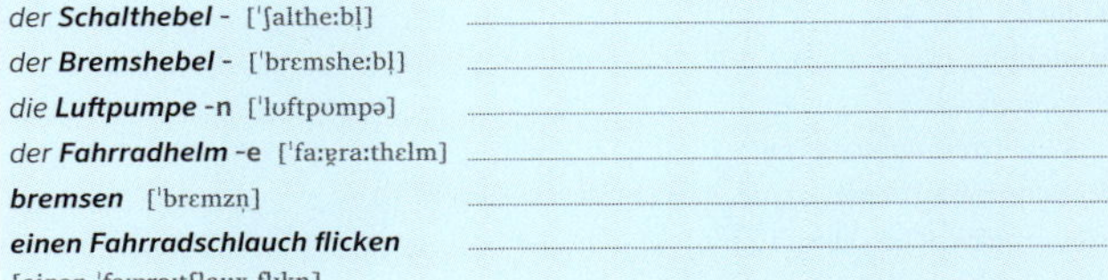

der ***Schalthebel*** - ['ʃalthe:bl̩]
der ***Bremshebel*** - ['brɛmshe:bl̩]
die ***Luftpumpe*** **-n** ['lʊftpʊmpə]
der ***Fahrradhelm*** **-e** ['fa:ɐ̯ra:thɛlm]
bremsen ['brɛmzn̩]
einen Fahrradschlauch flicken
[ainən 'fa:ɐ̯ra:tʃlaux flɪkn̩]

das ***Fahrradschloss***
-schlösser ['fa:ɐ̯ra:tʃlɔs]

DER ZUG

der **Zug**
Züge [ˈtsuːk]

....

der **Bahnsteig** -e
[ˈbaːnʃtaik]

....

einsteigen
[ˈainʃtaign̩]

....

aussteigen
[ˈausʃtaign̩]

....

die **Gleisnummer** -n
[ˈglaisnʊmɐ]

....

die **Rolltreppe** -n
[ˈrɔltrɛpə]

....

die **U-Bahn** -en
[ˈuːbaːn]

....

die ***Verspätung*** **-en** [fɛɐ̯ˈʃpɛːtʊŋ] ....
pünktlich [ˈpʏŋktlɪç] ....
umsteigen [ˈʊmʃtaign̩] ....
die ***Straßenbahn*** **-en** [ˈʃtraːsn̩baːn] ....
die ***Sitzplatzreservierung*** **-en** [ˈzɪtsplatsrezɛrviːrʊŋ] ....
Eine einfache Fahrt nach ..., bitte. [ainə ˈainfaxə faːɐ̯t naːx … bɪtə] ....
hin und zurück [ˈhɪn ʊnt tsuˈrʏk] ....
Ist dieser Platz noch frei? [ɪst ˈdiːzɐ plats nɔx ˈfrai] ....

ESSEN UND TRINKEN

TIERISCHE PRODUKTE

das ***Lammfleisch***
kein Pl [ˈlamflaiʃ]

....

das ***Rindfleisch***
kein Pl [ˈrɪntflaiʃ]

....

das ***Schweinefleisch***
kein Pl [ˈʃvainəflaiʃ]

....

das ***Hähnchen*** -
[ˈhɛːnçən]

....

die ***Forelle*** -n
[foˈrɛlə]

....

der ***Tunfisch*** -e
[ˈtuːnfɪʃ]

....

der ***Lachs*** -e
[laks]

....

das ***Fischsteak*** -s
[ˈfɪʃsteːk]

....

die ***Garnele*** -n
[garˈneːlə]

....

der ***Hummer*** -
[ˈhʊmɐ]

....

der ***Krebs*** -e
[kreːps]

....

die ***Miesmuschel*** -n
[ˈmiːsmʊʃl̩]

....

TIERISCHE PRODUKTE

das ***Hühnerei*** -er
[ˈhyːnɐʔai]

....

das ***Eiweiß*** -e; –
[ˈaivais]

....

das ***Eigelb***-e; –
[ˈaigɛlp]

....

die ***Butter***
kein Pl [ˈbʊtɐ]

....

die ***Sahne***
kein Pl [ˈzaːnə]

....

die ***Milch***
kein Pl [mɪlç]

....

der ***Quark***
kein Pl [kvark]

....

der ***Käse*** -
[ˈkɛːzə]

....

der ***Joghurt*** -[s]
[ˈjoːgʊrt]

....

GEMÜSE

die **Zwiebel** -n
[ˈtsviːbl̩]

das **Radieschen** -
[raˈdiːsçən]

die **Frühlingszwiebel** -n
[ˈfryːlɪŋstsviːbl̩]

der **Lauch** -e
[laux]

die **Süßkartoffel** -n
[ˈzyːskartɔfl̩]

die **Karotte** -n
[kaˈrɔtə]

der **Knoblauch**
kein Pl [ˈknoːblaux]

die **Kartoffel** -n
[karˈtɔfl̩]

die **Rote Bete**
[roːtə ˈbeːtə]

die **rote Zwiebel**
[roːtə ˈtsviːbl̩]

die **Pastinake** -n
[pastiˈnaːkə]

die **Schalotte** -n
[ʃaˈlɔtə]

die **Rübe** -n
[ˈryːbə]

der ***Kopfsalat***-e
[ˈkɔpfzalaːt]

der ***Eisbergsalat*** -e
[ˈaisbɛrkzalaːt]

der/die ***Chicorée***
kein Pl [ˈʃikore]

der ***Spinat***
kein Pl [ʃpiˈnaːt]

der ***Wirsing***
kein Pl [ˈvɪrzɪŋ]

der ***Brokkoli***
-; -s [ˈbrɔkoli]

der ***Rotkohl***
kein Pl [ˈroːtkoːl]

der ***Weißkohl***
kein Pl [ˈvaiskoːl]

der ***Rosenkohl***
kein Pl [ˈroːzn̩koːl]

der ***Blumenkohl***
kein Pl [ˈbluːmənkoːl]

GEMÜSE

der/die ***Paprika*** -; -s
[ˈpaprika]

die ***Zucchini*** -
[tsʊˈkiːniː]

die ***Aubergine*** -n
[obɛrˈʒiːnə]

die ***Tomate*** -n
[toˈmaːtə]

die ***Okraschote*** -n
[ˈokraʃoːtə]

die ***Chilischote*** -n
[ˈtʃiːliʃoːtə]

der ***Mais***
kein Pl [mais]

die ***grüne Bohne***
[gryːnə ˈboːnə]

die ***Tellerlinse*** -n
[ˈtɛlɐlɪnzə]

schälen [ˈʃɛːlən]
schneiden [ˈʃnaidn̩]
roh [roː]
gekocht [gəˈkɔxt]
gegart [gəˈgaːɐ̯t]
das ***Püree*** -s [pyˈreː]
püriert [pyˈriːɐ̯t]
braten [ˈbraːtn̩]

OBST

die ***Erdbeere*** -n
['eːɐ̯tbeːrə]

....

die ***Himbeere*** -n
['hɪmbeːrə]

....

die ***Brombeere*** -n
['brɔmbeːrə]

....

die ***Heidelbeere*** -n
['haidl̩beːrə]

....

die ***Weintraube*** -n
['vaintraubə]

....

die ***Kirsche***-n
['kɪrʃə]

....

der ***Apfel***
Äpfel ['apfl̩]

....

die ***Aprikose*** -n
[apri'koːzə]

....

der ***Pfirsich*** -e
['pfɪrzɪç]

....

die ***Nektarine*** -n
[nɛkta'riːnə]

....

die ***Pflaume*** -n
['pflaumə]

....

die ***Birne*** -n
['bɪrnə]

....

OBST

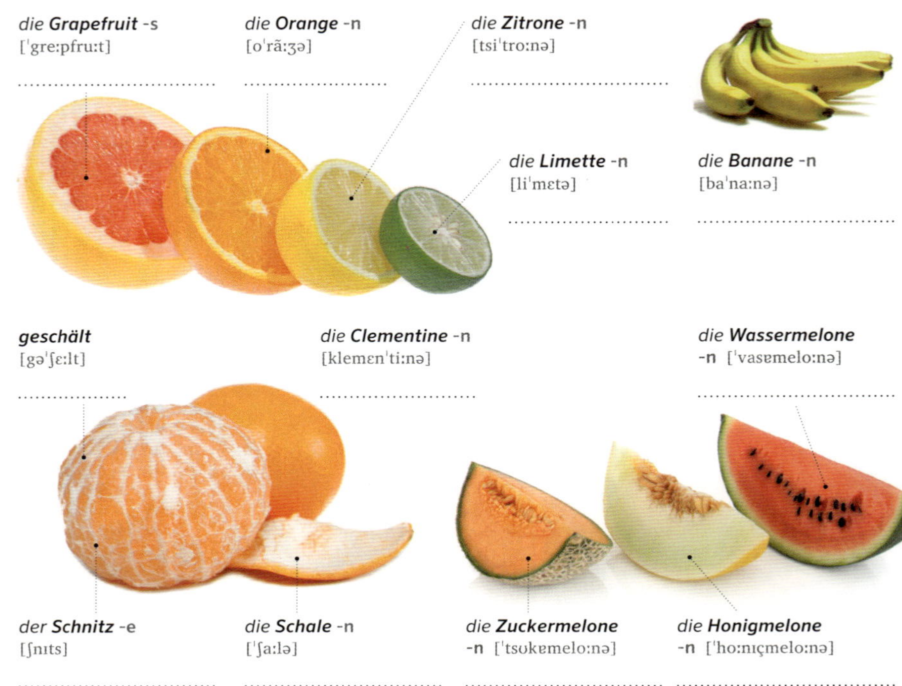

die ***Grapefruit*** -s
[ˈgreːpfruːt]

die ***Orange*** -n
[oˈrãːʒə]

die ***Zitrone*** -n
[tsiˈtroːnə]

die ***Limette*** -n
[liˈmɛtə]

die ***Banane*** -n
[baˈnaːnə]

geschält
[gəˈʃɛːlt]

die ***Clementine*** -n
[klemɛnˈtiːnə]

die ***Wassermelone*** -n
[ˈvasɐmeloːnə]

der ***Schnitz*** -e
[ʃnɪts]

die ***Schale*** -n
[ˈʃaːlə]

die ***Zuckermelone*** -n
[ˈtsʊkɐmeloːnə]

die ***Honigmelone*** -n
[ˈhoːnɪçmeloːnə]

WÜRZMITTEL UND SOSSEN

der **Pfeffer** -
[ˈpfɛfɐ]

das **Salz** -e
[zalts]

der **Essig** -e
[ˈɛsɪç]

das **Olivenöl** -e
[oˈliːvn̩ʔøːl]

die **Pfeffermühle** -n
[ˈpfɛfɐmyːlə]

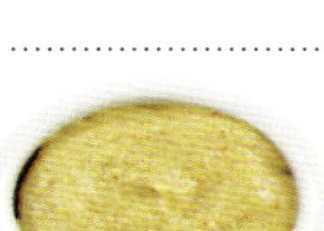

der/das **Ketchup** -s
[ˈkɛtʃap]

der **Senf** -e
[zɛnf]

die **Mayonnaise** -n
[majɔˈnɛːzə]

die **Sojasoße** -n
[ˈzoːjazoːsə]

BROT

das ***Weizenmehl*** *-e*
[ˈvaitsn̩meːl]

das ***Croissant*** *-s*
[kro̯aˈsãː]

das/die ***Baguette*** *-s*
[baˈgɛt]

das ***Weißbrot*** *-e*
[ˈvaisbroːt]

das ***Vollkornbrot*** *-e*
[ˈfɔlkɔrnbroːt]

das ***Fladenbrot*** *-e*
[ˈflaːdn̩broːt]

die ***Tortilla*** *-s*
[tɔrˈtɪlja]

das ***Brötchen*** *-*
[ˈbrøːtçən]

der ***Bagel*** *-s*
[ˈbeɪgl̩]

das ***belegte Brötchen***
[bəˈleːgtə ˈbrøːtçən]

die ***Scheibe*** *-n*
[ˈʃaibə]

das ***Sandwich*** *-[e]s*
[ˈzɛntvɪtʃ]

das ***Wasser***
kein Pl [ˈvasɐ]

....

der ***Orangensaft***
-säfte [oˈrãːʒn̩zaft]

....

die ***Cola*** -s
[ˈkoːla]

....

das ***Bier*** -e
[biːɐ̯]

....

der ***Rotwein*** -e
[ˈroːtvain]

....

der ***Weißwein*** -e
[ˈvaisvain]

....

der ***Kräutertee*** -s
[ˈkrɔytɐteː]

....

der ***Kaffee*** -s
[ˈkafe]

....

der ***Kaffee zum Mitnehmen***
[ˈkafe tsʊm ˈmɪtneːmən]

....

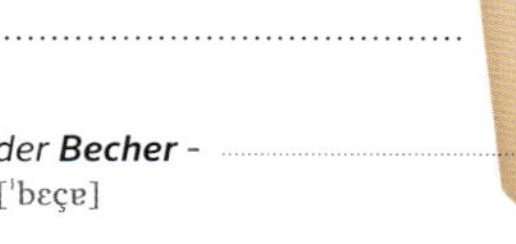

der ***Becher*** -
[ˈbɛçɐ]

....

der ***Deckel*** -
[ˈdɛkl̩]

....

der ***Teebeutel*** -
[ˈteːbɔytl̩]

....

die ***Teeblätter***
Pl [ˈteːblɛtɐ]

....

DAS FASTFOOD

*die **Chips***
Pl [tʃips]

....

*der **Schokoriegel** -*
[ˈʃokoriːgl̩]

....

*der **Hamburger** -*
[ˈhambʊrgɐ]

....

*die **Pommes frites***
Pl [pɔm ˈfrɪt]

....

*die **Pizza***
-s; Pizzen [ˈpɪtsa]

....

*der **Taco** -s*
[ˈtako]

....

*die **gebratenen Nudeln***
[gəˈbraːtənən ˈnuːdl̩n]

....

*das **Sushi** -s*
[ˈsuːʃi]

....

*das **Nugget** -s*
[ˈnagɪt]

....

Ich würde gerne etwas zum Mitnehmen bestellen. ....
[ɪç vʏrdə ˈgɛrnə ɛtvas tsʊm ˈmɪtneːmən bəʃtɛlən] ....
klein/mittelgroß/groß [klain/ˈmɪtl̩groːs/groːs] ....
süß [zyːs] ....
salzig [ˈzaltsɪç] ....
*der **Lieferservice** -s* [ˈliːfɐzøɐ̯vɪs] ....
bestellen [bəˈʃtɛlən] ....
liefern [ˈliːfɐn] ....

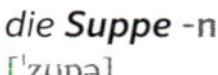

die ***Suppe*** -n
[ˈzʊpə]

....

der ***Eintopf*** -töpfe
[ˈaintɔpf]

....

der ***Salat*** -e
[zaˈla:t]

....

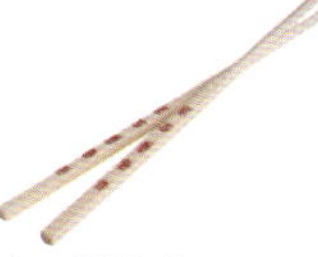

das ***Stäbchen*** -
[ˈʃtɛ:pçən]

....

die ***Serviette*** -n
[zɛrˈvi̯ɛtə]

....

die ***Gabel*** -n
[ˈga:bl̩]

....

die ***Tischdecke*** -n
[ˈtɪʃdɛkə]

....

der ***Essteller*** -
[ˈɛstɛlɐ]

....

das ***Wasserglas***
-gläser [ˈvasɐgla:s]

....

das ***Weinglas***
-gläser [ˈvaingla:s]

....

der ***Dessertlöffel*** -
[dɛˈse:ɐlœfl̩]

....

der ***Suppenlöffel*** -
[ˈzʊpn̩lœfl̩]

....

das ***Messer*** -
[ˈmɛsɐ]

....

DIE ERNÄHRUNG

das ***Fett*** -e
[fɛt]

der ***Zucker***
kein Pl [ˈtsʊkɐ]

vegetarisch
[vegeˈtaːrɪʃ]

vegan
[veˈgaːn]

ohne Eier
[oːnə ˈaiɐ]

zuckerfrei
[ˈtsʊkɐfrai]

glutenfrei
[gluˈteːnfrai]

laktosefrei
[lakˈtoːzəfrai]

die ***Diät*** -en
[diˈɛːt]

die ***Lebensmittelintoleranz*** **-en** [ˈleːbn̩smɪtlɪntolerants]
die ***Fruktose*** **kein Pl** [frʊkˈtoːzə]
die ***Glukose*** **kein Pl** [gluˈkoːzə]
das ***Natrium*** **kein Pl** [ˈnaːtriʊm]
die ***Kalorien*** **Pl** [kaloˈriːən]
der ***Geschmacksverstärker*** **-** [gəˈʃmaksfɛɐ̯ʃtɛrkɐ]
die ***gesunde Ernährung*** [gəˈzʊndə ɛɐ̯ˈnɛːrʊŋ]
fasten [ˈfastn̩]

DER SUPERMARKT

der **Kassierer** -
[kaˈsiːrɐ]

....

die **Kundin**
-nen [ˈkʊndɪn]

....

die **Ware** -n
[ˈvaːrə]

....

das **Warenregal** -e
[ˈvaːrənregaːl]

....

der **Einkaufswagen** -
[ˈainkaufsvaːgn̩]

....

die **Kasse** -n
[ˈkasə]

....

der **Scanner** -
[ˈskɛnɐ]

....

das **Warentransportband**
-bänder
[vaːrəntransˈpɔrtbant]

....

der **Einkaufskorb**
-körbe [ˈainkaufskɔrp]

....

die **Selbstbedienungskasse**
-n [ˈzɛlpstbədiːnʊŋskasə]

....

der **Strichcode** -s
[ˈʃtrɪçkoːt]

....

das **Sonderangebot** -e
[ˈzɔndɐʔangəboːt]

....

DER SUPERMARKT

das ***Obst und Gemüse***
[ˈoːpst ʊnt gəˈmyːzə]

....

das ***Kühlregal*** -e
[ˈkyːlregaːl]

....

die ***Milchprodukte***
Pl [ˈmɪlçprodʊktə]

....

die ***Tiefkühlkost***
kein Pl [ˈtiːfkyːlkɔst]

....

die ***Backwaren***
Pl [ˈbakvaːrən]

....

das ***Fleisch und Geflügel***
[ˈflaiʃ ʊnt gəˈflyːgl̩]

....

die ***Konserven***
Pl [kɔnˈzɛrvn̩]

....

die ***Feinkost***
kein Pl [ˈfainkɔst]

....

die ***Fischtheke*** -n
[ˈfɪʃteːkə]

....

die ***Frühstücksflocken***
Pl [ˈfryːʃtʏksflɔkn̩]

....

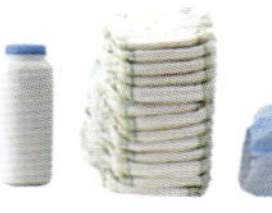

die ***Babyartikel***
Pl [ˈbeːbiʔartɪkl̩]

....

der ***Kassenzettel*** -
[ˈkasn̩tsɛtl̩]

....

GESUNDHEIT UND KÖRPERPFLEGE

DER KÖRPER

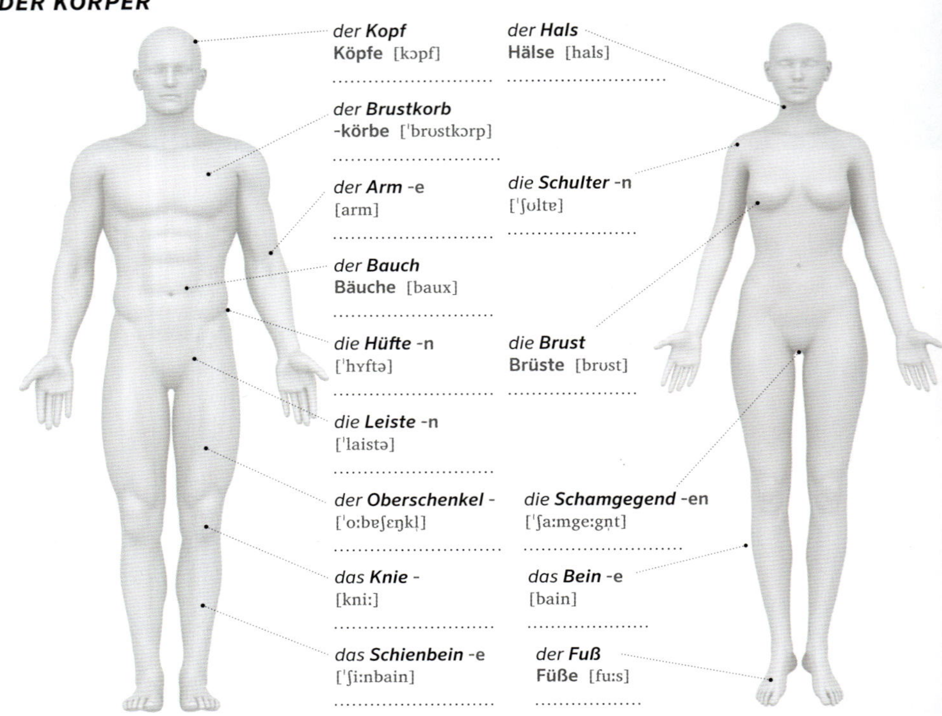
der *Kopf*
Köpfe [kɔpf]
der *Hals*
Hälse [hals]
der *Brustkorb*
-körbe ['brʊstkɔrp]
der *Arm* -e
[arm]
die *Schulter* -n
['ʃʊltɐ]
der *Bauch*
Bäuche [baux]
die *Hüfte* -n
['hʏftə]
die *Brust*
Brüste [brʊst]
die *Leiste* -n
['laistə]
der *Oberschenkel* -
['oːbɐʃɛŋkl̩]
die *Schamgegend* -en
['ʃaːmgeːgn̩t]
das *Knie* -
[kniː]
das *Bein* -e
[bain]
das *Schienbein* -e
['ʃiːnbain]
der *Fuß*
Füße [fuːs]

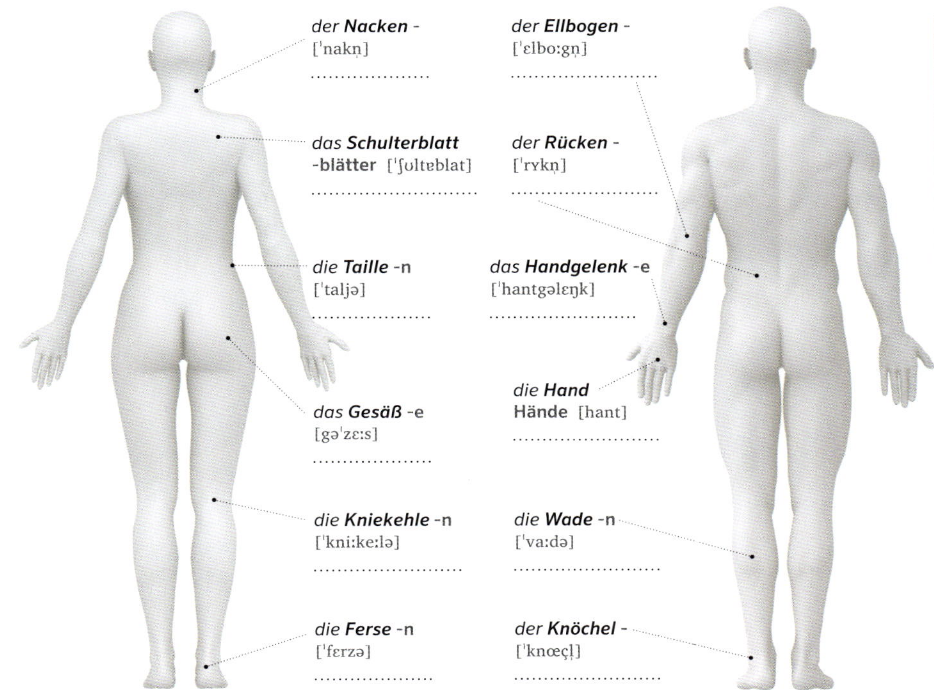
der ***Nacken*** -
[ˈnakn̩]
das ***Schulterblatt***
-blätter [ˈʃʊltɐblat]
die ***Taille*** -n
[ˈtaljə]
das ***Gesäß*** -e
[gəˈzɛːs]
die ***Kniekehle*** -n
[ˈkniːkeːlə]
die ***Ferse*** -n
[ˈfɛrzə]
der ***Ellbogen*** -
[ˈɛlboːgn̩]
der ***Rücken*** -
[ˈrʏkn̩]
das ***Handgelenk*** -e
[ˈhantgəlɛŋk]
die ***Hand***
Hände [hant]
die ***Wade*** -n
[ˈvaːdə]
der ***Knöchel*** -
[ˈknœçl̩]

DIE HAND UND DER FUSS

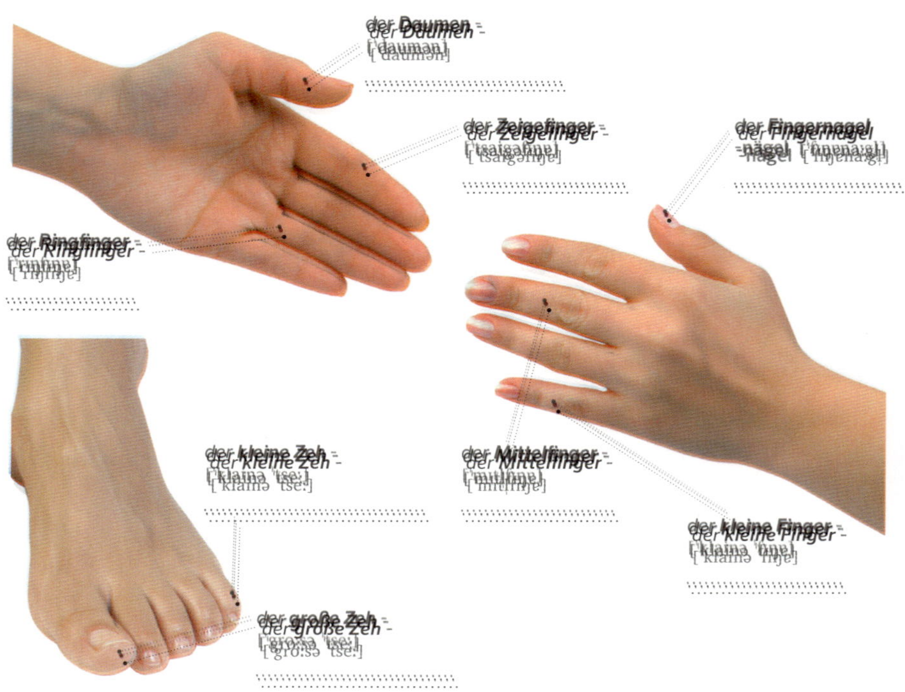

DAS GESICHT

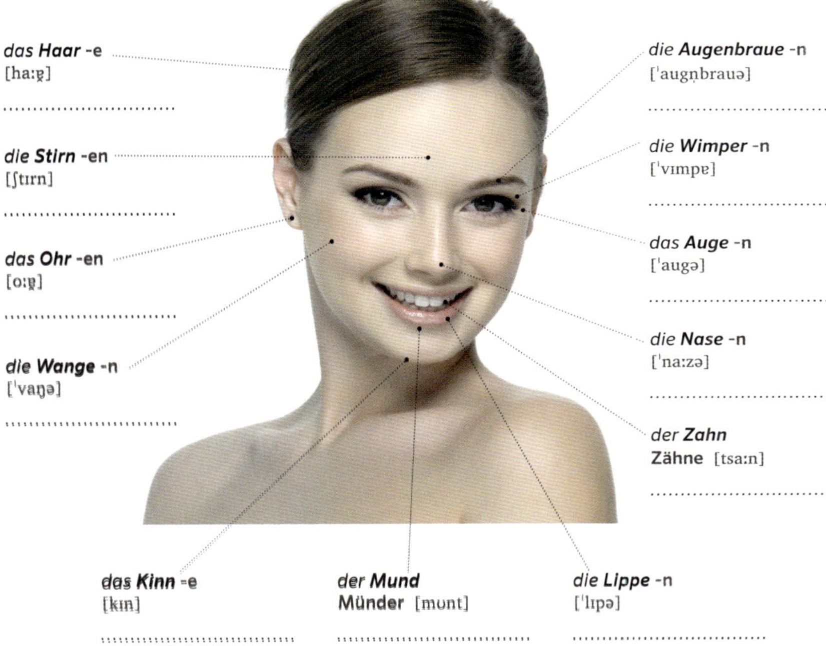
das Haar -e
[haːɐ̯]
die Stirn -en
[ʃtɪrn]
das Ohr -en
[oːɐ̯]
die Wange -n
[ˈvaŋə]
die Augenbraue -n
[ˈaugn̩brauə]
die Wimper -n
[ˈvɪmpɐ]
das Auge -n
[ˈaugə]
die Nase -n
[ˈnaːzə]
der Zahn
Zähne [tsaːn]
das Kinn -e
[kɪn]
der Mund
Münder [mʊnt]
die Lippe -n
[ˈlɪpə]

DIE INNEREN ORGANE

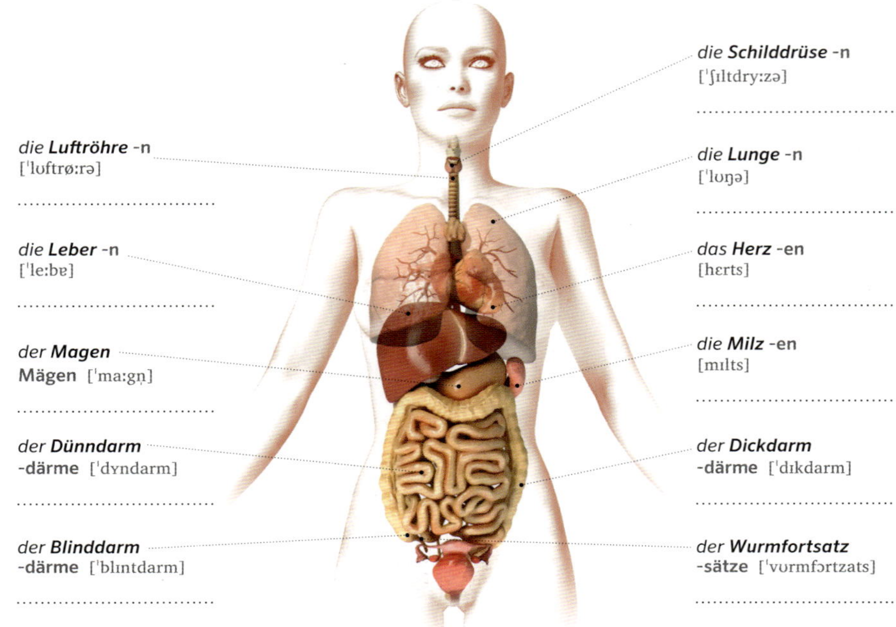

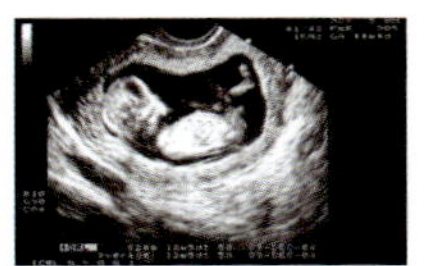

die ***Ultraschallaufnahme*** -n ['ʊltraʃalʔaufna:mə]

....

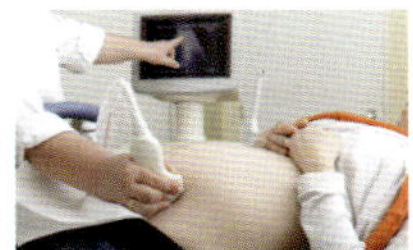

die ***Ultraschall-untersuchung*** en ['ʊltraʃalʔʊntɐzu:xʊŋ]

....

die ***Hebamme*** -n ['he:pʔamə]

....

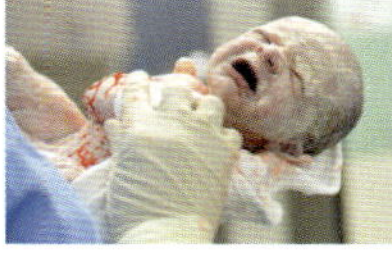

die ***Geburt*** -en [gə'bu:ɐ̯t]

....

der ***Schwangerschaftstest*** -s ['ʃvaŋɐʃaftstɛst]

....

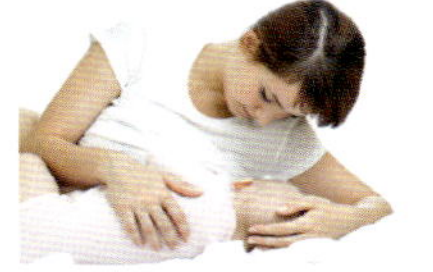

stillen ['ʃtɪlən]

....

das ***Fläschchen*** - ['flɛʃçən]

....

das ***Milchpulver*** - ['mɪlçpʊlvɐ]

....

schwanger ['ʃvaŋɐ] ....

die ***Wehen*** Pl ['ve:ən] ....

die ***Geburt einleiten*** [di: gə'bu:ɐ̯t ainlaitn̩] ....

pressen ['prɛsn̩] ....

die ***Nabelschnur*** -schnüre ['na:bl̩ʃnu:ɐ̯] ....

die ***Plazenta*** -s; Plazenten [pla'tsɛnta] ....

das ***Fruchtwasser*** kein Pl ['frʊxtvasɐ] ....

die ***Fruchtblase*** -n ['frʊxtbla:zə] ....

DER ARZTBESUCH

das ***Rezept*** -e
[reˈtsɛpt]

....

das ***Wartezimmer*** -
[ˈvartətsɪmɐ]

....

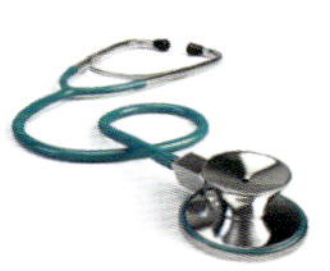

das ***Stethoskop*** -e
[ʃtetoˈsko:p]

....

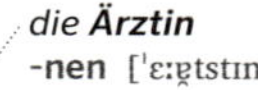

den ***Blutdruck messen***
[de:n ˈblu:tdrʊk mɛsn̩]

....

die ***Ärztin***
-nen [ˈɛ:ɐ̯tstɪn]

....

die ***Patientin***
-nen [paˈtsi̯ɛntɪn]

....

die ***Sprechstunde*** -n [ˈʃprɛçʃtʊndə] ....
jemandem Blut abnehmen [je:mandəm ˈblu:t apne:mən] ....
der ***Termin*** -e [tɛrˈmi:n] ....
die ***Behandlung*** -en [bəˈhandlʊŋ] ....
die ***Diagnose*** -n [diaˈgno:zə] ....
die ***Überweisung*** -en [y:bɐˈvaizʊŋ] ....
die ***Ergebnisse*** Pl [ɛɐˈge:pnɪsə] ....
die ***Krankenkasse*** -n [ˈkraŋkn̩kasə] ....

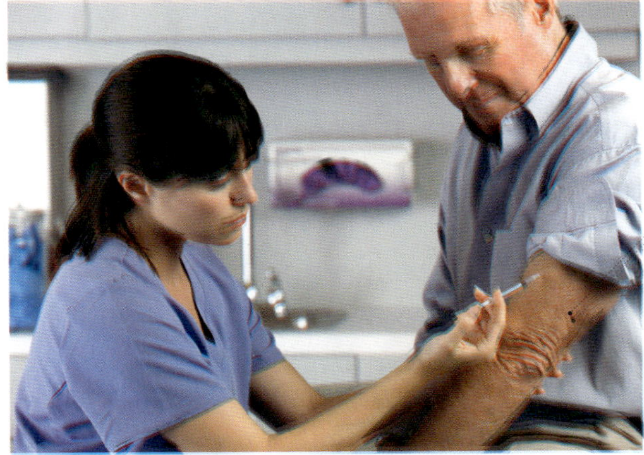

jemandem eine Spritze geben
[ˈjeːmandəm ainə ˈʃprɪtsə geːbn̩]

....

eine Spritze bekommen
[ainə ˈʃprɪtsə bəkɔmən]

....

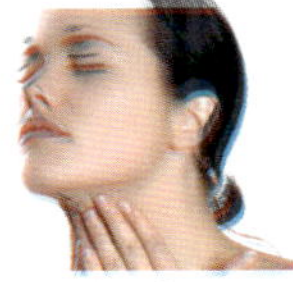

die ***Halsschmerzen***
Pl [ˈhalsʃmɛrtsn̩]

....

das **Virus** Viren [ˈviːrʊs] ....
der **Infekt** -e [ɪnˈfɛkt] ....
die **Allergie** -n [alɛrˈgiː] ....
der **Hautausschlag** -ausschläge [ˈhautʔausʃlaːk] ....
der **Durchfall** -fälle [ˈdʊrçfal] ....
der **Schwindel** kein Pl [ˈʃvɪndl̩] ....
die **Übelkeit** -en [ˈyːblkait] ....
die **Bronchitis** Bronchitiden [brɔnˈçiːtɪs] ....

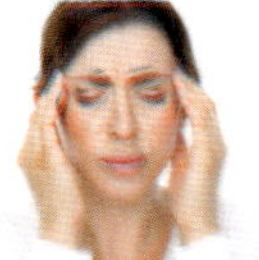

die ***Kopfschmerzen***
Pl [ˈkɔpfʃmɛrtsn̩]

....

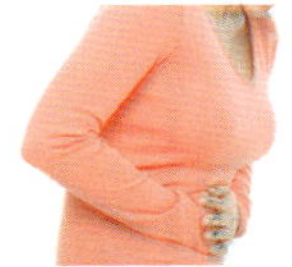

die ***Magenschmerzen***
Pl [ˈmaːgn̩ʃmɛrtsn̩]

....

SYMPTOME UND KRANKHEITEN

krank
[kraŋk]

gesund
[gəˈzʊnt]

der ***Schnupfen*** -
[ˈʃnʊpfn̩]

der ***Husten***
kein Pl [ˈhu:stn̩]

die ***Erkältung*** -en
[ɛɐ̯ˈkɛltʊŋ]

die ***Grippe*** -n
[ˈgrɪpə]

das ***Niesen***
kein Pl [ˈni:zn̩]

das ***Fieber*** -
[ˈfi:bɐ]

der ***Heuschnupfen*** -
[ˈhɔyʃnʊpfn̩]

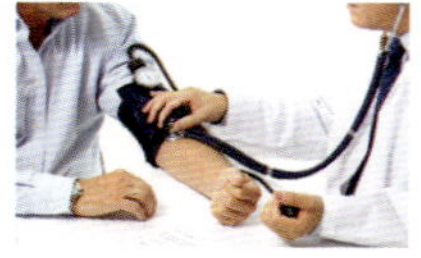

der ***hohe/niedrige Blutdruck***
[ˈho:ə/ˈni:drɪgə ˈblu:tdrʊk]

das ***Asthma***
kein Pl [ˈastma]

der ***Diabetes***
kein Pl [diaˈbe:tɛs]

BEHINDERUNGEN

der ***Rollstuhl***
-stühle [ˈrɔlʃtu:l]

der ***Schiebegriff*** -e
[ˈʃi:bəgrɪf]

die ***Armlehne*** -n
[ˈarmle:nə]

der ***Greifreifen*** -
[ˈgraifraifn̩]

die ***Fußstütze*** -n
[ˈfu:sʃtʏtsə]

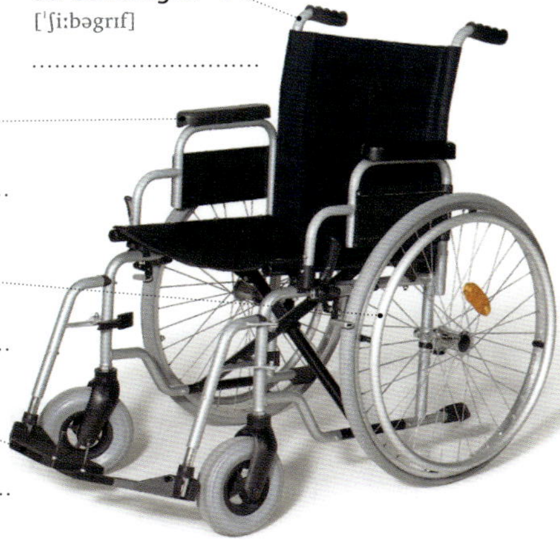

der ***Rollator*** -en
[rɔˈla:to:ɐ̯]

die ***Krücke*** -n
[ˈkrʏkə]

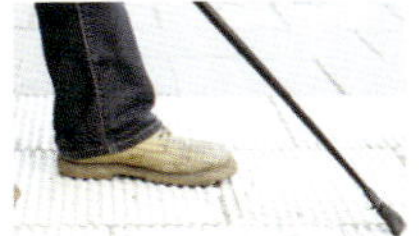

der ***Blindenstock***
-stöcke [ˈblɪndn̩ʃtɔk]

der ***Blindenhund*** -e
[ˈblɪndn̩hʊnt]

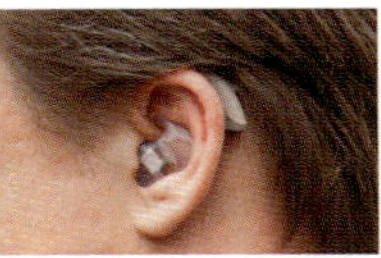

das ***Hörgerät*** -e
[ˈhø:ɐ̯gərɛ:t]

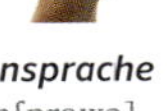

die ***Gebärdensprache***
-n [gəˈbɛ:ɐ̯dn̩ʃpra:xə]

VERLETZUNGEN

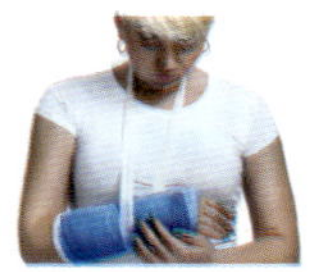

der ***Knochenbruch*** -brüche [ˈknɔxn̩brʊx]

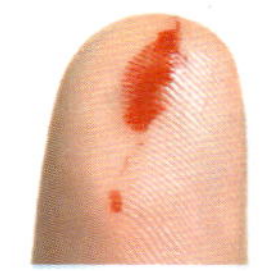

die ***Schnittwunde*** -n [ˈʃnɪtvʊndə]

der ***Insektenstich*** -e [ɪnˈzɛktn̩ʃtɪç]

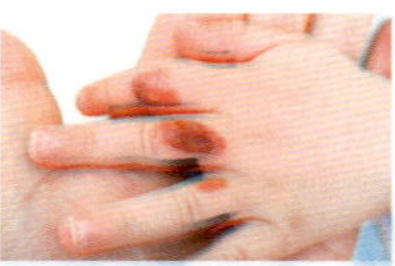

die ***Verbrennung*** -en [fɛɐ̯ˈbrɛnʊŋ]

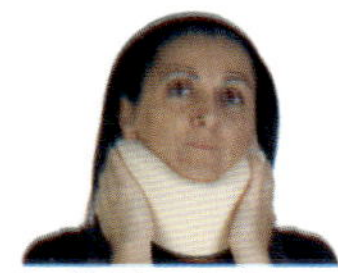

das ***Schleudertrauma*** -traumen; -traumata [ˈʃlɔydɐtrauma]

der ***Bandscheibenvorfall*** -vorfälle [ˈbantʃaibn̩foːɐ̯fal]

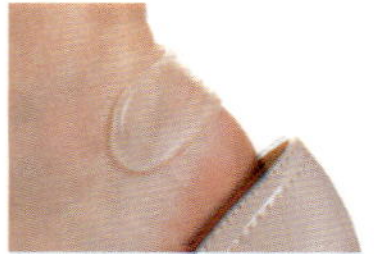

die ***Blase*** -n [ˈblaːzə]

in Ohnmacht fallen [ɪn ˈoːnmaxt falən]

der ***Sonnenbrand*** -brände [ˈzɔnənbrant]

die ***Wunde*** -n [ˈvʊndə]

das ***Blut*** kein Pl [bluːt]

bluten [ˈbluːtn̩]

die ***Blutung*** -en [ˈbluːtʊŋ]

die ***Gehirnerschütterung*** -en [gəˈhɪrnʔɛɐ̯ʃʏtərʊŋ]

sich den Arm/einen Wirbel ausrenken [zɪç deːn ˈarm/ainən ˈvɪrbl̩ ausrɛŋkn̩]

sich den Fuß verstauchen/brechen [zɪç deːn ˈfuːs fɛɐ̯ʃtauxn̩/brɛçn̩]

das ***Verbandszeug***
kein Pl [fɛɐ̯ˈbantstsɔyk]

....

der ***Verband***
Verbände [fɛɐ̯ˈbant]

....

das ***Leukoplast®***
kein Pl [lɔykoˈplast]

....

das ***Pflaster*** **-**
[ˈpflastɐ]

....

die ***Verbandschere*** **-n**
[fɛɐ̯ˈbantʃeːrə]

....

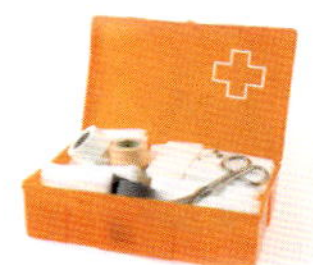

der ***Erste-Hilfe-Kasten***
-Kästen [eːɐ̯stəˈhɪlfəkastn̩]

....

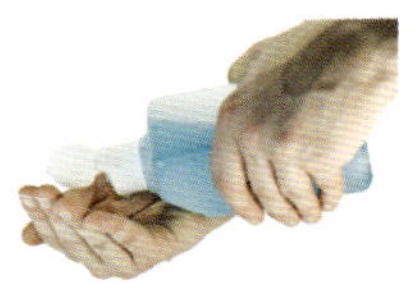

das ***Desinfektionsmittel***
- [dɛsʔɪnfɛkˈtsi̯oːnsmɪtl̩]

....

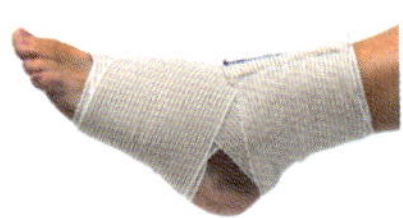

die ***Bandage*** **-n**
[banˈdaːʒə]

....

die ***Mullbinde*** **-n**
[ˈmʊlbɪndə]

....

DIE APOTHEKE

*das **Medikament*** -e
[medikaˈmɛnt]

*die **Kapsel*** -n
[ˈkapsl̩]

*der **Hustensaft***
-säfte [ˈhuːstn̩saft]

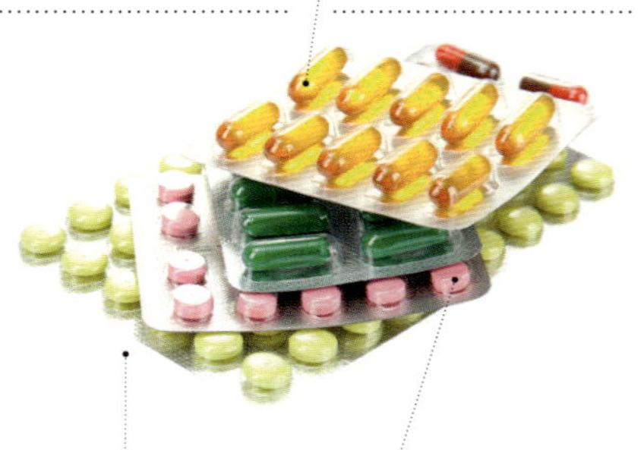

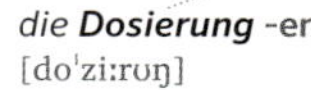

*die **Sichtverpackung*** -en
[ˈzɪçtfɛɐ̯pakʊŋ]

*die **Tablette*** -n
[taˈblɛtə]

*die **Dosierung*** -en
[doˈziːrʊŋ]

*der **Messbecher*** -
[ˈmɛsbɛçɐ]

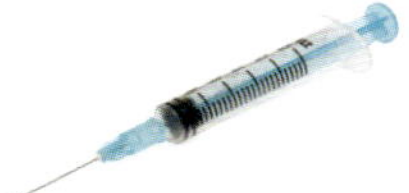

*die **Salbe*** -n
[ˈzalbə]

*die **Spritze*** -n
[ˈʃprɪtsə]

*die **Tropfen***
Pl [ˈtrɔpfn̩]

*die **Brausetablette*** -n
[ˈbrauzətablɛtə]

DIE APOTHEKE

das ***Sonnenschutzmittel*** -
[ˈzɔnənʃʊtsmɪtl̩]

....

das ***Feuchttuch***
-tücher [ˈfɔyçttuːx]

....

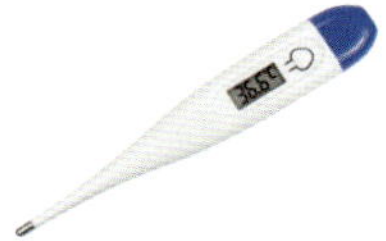

das/der ***Fieber-thermometer*** -
[ˈfiːbɐtɛrmomeːtɐ]

....

das/der ***Hustenbonbon***
-s [ˈhuːstn̩bɔŋˈbɔŋ]

....

die ***Slipeinlage*** **-n**
[ˈslɪpʔainlaːgə]

....

der ***Tampon*** **-s**
[ˈtampɔn]

....

der ***Ohrstöpsel*** -
[ˈoːɐ̯ʃtœpsl̩]

....

das ***Deodorant*** **-s; -e**
[deodoˈrant]

....

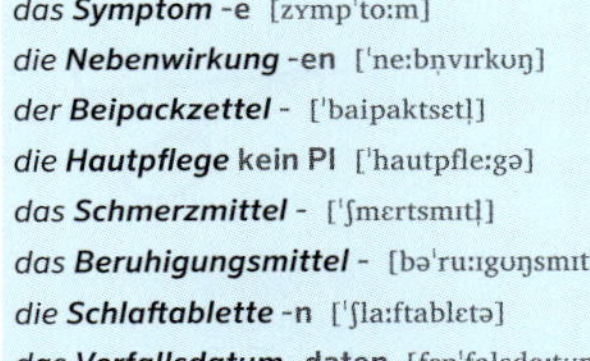

das ***Symptom*** **-e** [zʏmpˈtoːm] ....
die ***Nebenwirkung*** **-en** [ˈneːbn̩vɪrkʊŋ] ....
der ***Beipackzettel*** **-** [ˈbaipaktsɛtl̩] ....
die ***Hautpflege*** **kein Pl** [ˈhautpfleːgə] ....
das ***Schmerzmittel*** **-** [ˈʃmɛrtsmɪtl̩] ....
das ***Beruhigungsmittel*** **-** [bəˈruːɪgʊŋsmɪtl̩] ....
die ***Schlaftablette*** **-n** [ˈʃlaːftablɛtə] ....
das ***Verfallsdatum*** **-daten** [fɛɐ̯ˈfalsdaːtʊm] ....

die ***Nagelfeile*** **-n**
[ˈnaːgl̩failə]

....

DIE KÖRPERPFLEGE

die **Zahnpasta**
-pasten [ˈtsaːnpasta]

das **Parfüm** -e; -s
[parˈfyːm]

die **Gesichtscreme** -s
[ɡəˈzɪçtskreːm]

der **Kamm**
Kämme [kam]

das **Duschgel** -e
[ˈduːʃɡeːl]

das **Shampoo** -s
[ˈʃampu]

die **Spülung** -en
[ˈʃpyːlʊŋ]

die **Seife** -n
[ˈzaifə]

die **Haarbürste** -n
[ˈhaːɐ̯bʏrstə]

der **Kulturbeutel** -
[kʊlˈtuːɐ̯bɔytl̩]

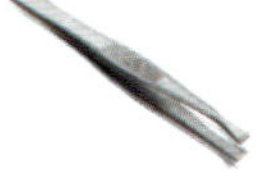

die **Pinzette** -n
[pɪnˈtsɛtə]

die **Nagelschere** -n
[ˈnaːɡl̩ʃeːrə]

ARBEIT UND KOMMUNIKATION

DIE ARBEITSWELT

das **Bewerbungsgespräch**
-e [bəˈvɛrbʊŋsgəʃprɛːç]

....

die **Bewerberin**
-nen [bəˈvɛrbərɪn]

....

die **Personalreferentin**
-nen [pɛrzoˈnaːlreferɛntɪn]

....

der **Lebenslauf**
-läufe [ˈleːbn̩slauf]

....

die **Bewerbungsunterlagen**
Pl [bəˈvɛrbʊŋsʔʊntɐlaːgn̩]

....

die **Stellenanzeige** -n
[ˈʃtɛlənʔantsaigə]

....

sich um eine Stelle bewerben [zɪç ʊm ainə ˈʃtɛlə bəˈvɛrbn̩]	....
die ***Arbeitsbedingungen*** **Pl** [ˈarbaitsbədɪŋʊŋən]	....
die ***Schichtarbeit*** **kein Pl** [ˈʃɪçtʔarbait]	....
die ***Teilzeit*** **kein Pl** [ˈtailtsait]	....
die ***Vollzeit*** **kein Pl** [ˈfɔltsait]	....
die ***Qualifikation*** **-en** [kvalifikaˈtsi̯oːn]	....
die ***Berufserfahrung*** **-en** [bəˈruːfsʔɛɐ̯faːrʊŋ]	....

der ***Kugelschreiber*** -
[ˈku:gl̩ʃraibɐ]

die ***Schere*** -n
[ˈʃe:rə]

der ***Textmarker*** -
[ˈtɛkstma:rkɐ]

der ***Stiftehalter*** -
[ˈʃtɪftəhaltɐ]

das ***Notizbuch*** **-bücher**
[noˈti:tsbu:x]

die ***Haftnotiz*** -en
[ˈhaftnoti:ts]

der ***Bleistift*** -e
[ˈblaiʃtɪft]

der ***Bleistiftspitzer*** -
[ˈblaiʃtɪftʃpɪtsɐ]

die ***Reißzwecke*** -n
[ˈraistsvɛkə]

der ***Radiergummi*** -s
[raˈdi:ɐgʊmi]

die ***Büroklammer*** -n
[byˈro:klamɐ]

der ***Tesafilm***® -e
[ˈte:zafɪlm]

der ***Tacker*** -
[ˈtakɐ]

der ***Locher*** -
[ˈlɔxɐ]

der ***Ordner*** -
[ˈɔrdnɐ]

DIE ARBEITSWELT

die ***Sitzung*** *-en*
[ˈzɪtsʊŋ]

....

der ***Teamleiter*** *-*
[ˈtiːmlaitɐ]

....

der ***Teilnehmer*** *-*
[ˈtailneːmɐ]

....

die ***Tagesordnung*** *-en*
[ˈtaːgəsʔɔrdnʊŋ]

....

protokollieren
[protokɔˈliːrən]

....

der ***Besprechungstisch***
-e [bəˈʃprɛçʊŋstɪʃ]

....

die ***Präsentation*** *-en*
[prɛzɛntaˈtsi̯oːn]

....

der ***Beamer*** *-*
[ˈbiːmɐ]

....

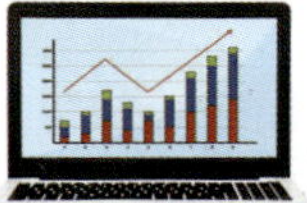

die ***Folie*** *-n*
[ˈfoːli̯ə]

....

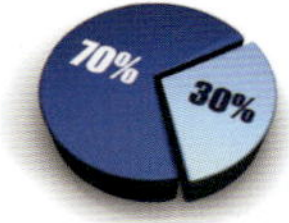

das ***Tortendiagramm***
-e [ˈtɔrtn̩diagram]

....

der **Arbeitgeber** -
['arbaitge:bɐ]

① die **Assistentin** -nen
[asɪs'tɛntɪn]

② der **Kollege** -n
[kɔ'le:gə]

③ der **Arbeitnehmer** -
['arbaitne:mɐ]

④ die **Kollegin** -nen
[kɔ'le:gɪn]

⑤ die **Managerin** -nen
['mɛnɪdʒərɪn]

⑥ der **Chef** -s
[ʃɛf]

die **Vertretung** -en [fɛɐ̯'tre:tʊŋ]

der **Jahresurlaub** -e ['ja:ʁəsʔu:ɐ̯laup]

das **Gehalt** Gehälter [gə'halt]

die **Beförderung** -en [bə'fœrdərʊŋ]

jemandem kündigen [je:mandəm 'kʏndɪgn̩]

seine Stelle kündigen [zainə 'ʃtɛlə 'kʏndɪgn̩]

verdienen [fɛɐ̯'di:nən]

in Rente gehen [ɪn 'rɛntə ge:ən]

entlassen werden
[ɛnt'lasn̩ ve:ɐ̯dn̩]

DER COMPUTER

der ***Desktop-Computer*** -
['dɛsktɔp kɔmpju:tɐ]

....

der ***Ein/Aus-Schalter*** -
['ain'ʔausʃaltɐ]

....

die ***USB-Schnittstelle*** -n
[u:ʔɛs'be:ʃnɪtʃtɛlə]

....

das ***CD/DVD-Laufwerk*** -e
[tse:'de:/de:fau'de:laʊfvɛrk]

....

die ***Tastatur*** -en
[tasta'tu:ɐ̯]

....

der ***Bildschirm*** -e
['bɪltʃɪrm]

....

die ***Maus*** Mäuse
[maus]

....

das ***Scrollrad*** -räder
['skrɔlra:t]

....

der/das ***Laptop*** -s
['lɛptɔp]

....

das ***Stromkabel*** -
['ʃtro:mka:bl̩]

....

die ***Webcam*** -s
['wɛbkɛm]

....

der ***Lautsprecher*** -
['lautʃprɛçɐ]

....

die ***CD-ROM*** -s
[tseːdeːˈrɔm]

....

der ***USB-Stick*** -s
[uːʔɛsˈbeːstɪk]

....

der ***Scanner*** -
[ˈskɛnɐ]

....

der ***Tintenstrahldrucker*** -
[ˈtɪntənʃtraːldrʊkɐ]

....

der ***Laserdrucker*** -
[ˈleːzɐdrʊkɐ]

....

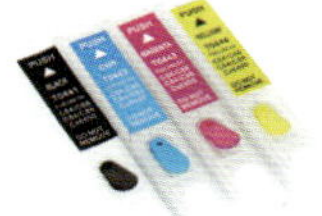

die ***Tintenpatrone*** -n
[ˈtɪntənpatroːnə]

....

die ***Tonerkartusche*** -n
[ˈtoːnɐkartʊʃə]

....

das ***Mauspad*** -s
[mauspɛt]

....

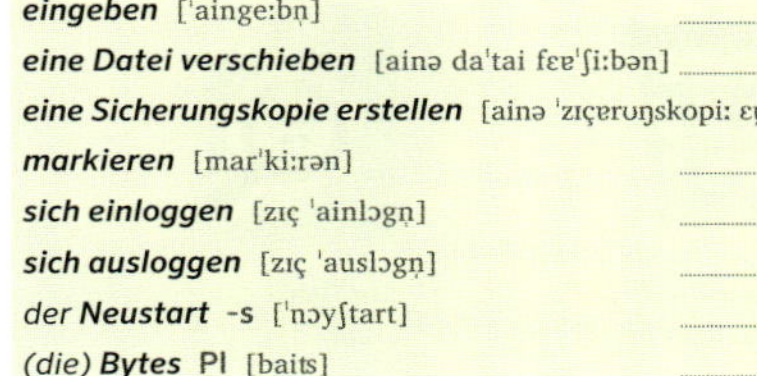

eingeben [ˈaingeːbn̩] ....
eine Datei verschieben [ainə daˈtai fɛɐˈʃiːbən] ....
eine Sicherungskopie erstellen [ainə ˈzɪçərʊŋskopiː ɛɐ̯ʃtelən] ....
markieren [marˈkiːrən] ....
sich einloggen [zɪç ˈainlɔgn̩] ....
sich ausloggen [zɪç ˈauslɔgn̩] ....
der ***Neustart*** -s [ˈnɔyʃtart] ....
(die) ***Bytes*** Pl [baits] ....

tippen
[ˈtɪpən]

....

DER COMPUTER

klicken
['klɪkən]

scrollen
['skrɔlən]

ausschneiden
['ausʃnaidən]

kopieren
[ko'pi:rən]

einfügen
['ainfy:gən]

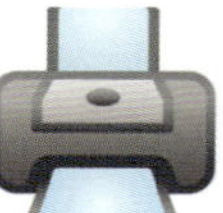

eine Datei ausdrucken
[ainə da'tai ausdrʊkən]

speichern
['ʃpaɪçen]

eine Datei öffnen
[aɪnə da'taɪ œfnən]

löschen
['lœʃən]

der ***Ordner*** *-*
['ɔrdnɐ]

der ***Papierkorb***
-körbe [pa'pi:ɐ̯kɔrp]

suchen
['zu:xn̩]

rückgängig machen ['rʏkgɛŋɪç 'maxən]

....

wiederherstellen [vi:dɐ'he:ɐʃtɛlən]

....

die ***Einstellungen*** Pl ['ainʃtɛlʊŋən]

....

die ***Schriftart*** -en ['ʃrɪftart]

....

den Rechner hochfahren [de:n 'rɛçnɐ 'ho:xfa:rən]

....

den Rechner herunterfahren [de:n 'rɛçnɐ hɛ'rʊntɐfa:rən]

....

der ***Mauszeiger*** - ['maustsaigɐ]

....

die ***Sanduhr*** -en ['zant?u:ɐ]

....

die ***Datei*** -en [da'tai] ....

das ***Programm*** -e [pro'gram] ....

der ***Scrollbalken*** - ['skrɔlbalkən] ....

ein Programm installieren [ain pro'gram ɪnsta'li:rən] ....

ein Programm deinstallieren [ain pro'gram 'deɪnstali:rən] ....

das ***Betriebssystem*** -e [bə'tri:pszʏs'te:m] ....

die ***Taskleiste*** -n ['ta:sklaistə] ....

der ***Fortschrittsbalken*** - ['fɔrtʃrɪtsbalkən] ....

die ***Fehlermeldung*** -en ['fe:lɐmɛldʊŋ]

....

DAS INTERNET

das ***WLAN*** -s
[ˈveːlan]

der ***Browser*** -
[ˈbrauzɐ]

der ***Download*** -s
[ˈdaʊnloʊd]

die ***Nachricht*** -en
[ˈnaːxrɪçt]

die ***Social Media*** Pl
[ˈsoʊʃəl ˈmiːdiɐ]

die ***Verschlüsselung*** -en
[fɛɐ̯ˈʃlʏsəlʊŋ]

die ***E-Mail-Adresse*** -n
[ˈiːmeɪladrɛsə]

der ***Anhang*** Anhänge
[ˈanhaŋ]

eine Mail weiterleiten
[ainə ˈmeːl ˈvaitɐlaitn̩]

senden [ˈzɛndn̩]

empfangen [ɛmˈpfaŋən]

das ***Benutzerkonto*** **-konten** [bəˈnʊtsəkɔnto]

der ***Posteingang*** **-eingänge** [ˈpɔstaingaŋ]

der ***Postausgang*** **-ausgänge** [ˈpɔstausgaŋ]

die ***Abwesenheitsnotiz*** **-en** [ˈapveːzn̩haitsnotiːts]

die ***Spammail*** **-s** [ˈspæmmeːl]

im Internet surfen [ɪm ˈɪntɐnɛt ˈsəːfən]

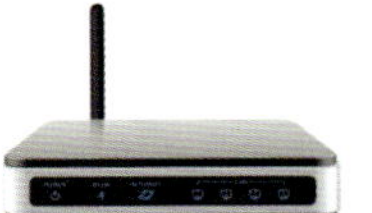
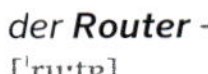

der **Router** -
[ˈruːtɐ]

der **Tablet-Computer** -
[ˈtɛblɛtkɔmpjuːtɐ]

die **SIM-Karte** -n
[ˈzimkartə]

die **App** -s
[ɛp]

das **Handy** -s
[ˈhɛndi]

der **Surfstick** -s
[ˈzøːɐ̯fstɪk]

die **SMS** -
[ɛsʔɛmˈɛs]

das **Smartphone** -s
[ˈsmaːtfoʊn]

der **Touchscreen** -s
[ˈtatʃskriːn]

der **Datenspeicher** - [ˈdaːtn̩ʃpaiçɐ]
die **Software** -s [ˈsɔftvɛːɐ̯]
das **Funkloch** -löcher [ˈfʊŋklɔx]
die **Flatrate** -s [ˈflɛtreɪt]
die **Prepaidkarte** -n [ˈpriːpeɪtkartə]
das **Guthaben** - [ˈguːthaːbn̩]
der **Klingelton** -töne [ˈklɪŋl̩toːn]
der **Akku** -s [ˈaku]

DAS TELEFON

das **Display** -s
[dɪsˈpleɪ]

....

der **Kopfhörer** -
[ˈkɔpfhøːrɐ]

....

der **Anrufbeantworter** -
[ˈanruːfbəʔantvɔrtɐ]

....

das **Tastenfeld** -er
[ˈtastn̩fɛlt]

....

das **Mikrofon** -e
[mikroˈfoːn]

....

der **Telefonhörer** -
[teːleˈfoːnhøːrɐ]

....

das **Kabel** -
[ˈkaːbl̩]

....

das **Faxgerät** -e
[ˈfaksgərɛːt]

....

jemanden anrufen [ˈjeːmandn̩ ˈanruːfn̩] ....

wählen [ˈvɛːlən] ....

klingeln [ˈklɪŋl̩n] ....

Ich möchte bitte ... sprechen. [ɪç ˈmœçtə ˈbɪtə … ˈʃprɛçn̩] ....

Entschuldigung, ich habe mich verwählt. ....
[ɛntˈʃʊldɪgʊŋ ɪç ˈhaːbə mɪç fɛɐ̯ˈvɛːlt] ....

Ich stelle Sie durch. [ɪç ˈʃtɛlə ziː ˈdʊrç] ....

Bitte hinterlassen Sie eine Nachricht nach dem Signalton. ....
[ˈbɪtə hɪntɐlasn̩ ziː ainə ˈnaːxrɪçt naːx deːm zɪˈgnaːltoːn] ....

Können Sie mich bitte zurückrufen? ....
[ˈkœnən ziː mɪç ˈbɪtə tsuˈrʏkruːfn̩] ....

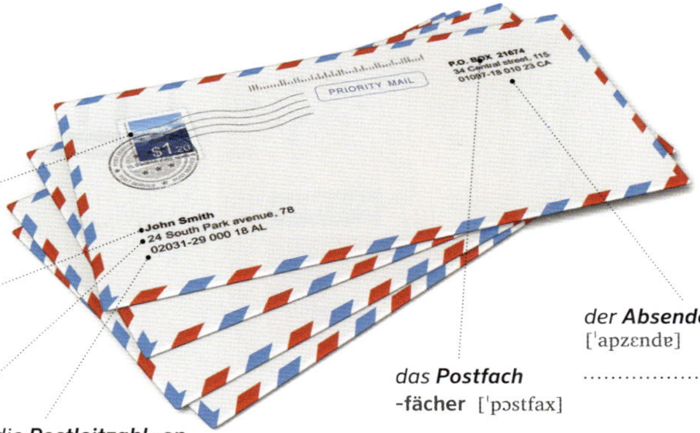

DIE POST

der ***Briefumschlag*** **-umschläge** [ˈbri:fʔʊmʃla:k]

die ***Briefmarke*** -n [ˈbri:fmarkə]

der ***Empfänger*** - [ɛmˈpfɛŋɐ]

die ***Adresse*** -n [aˈdrɛsə]

die ***Postleitzahl*** -en [ˈpɔstlaittsa:l]

das ***Postfach*** **-fächer** [ˈpɔstfax]

der ***Absender*** - [ˈapzɛndɐ]

der ***Brief*** -e [bri:f]

der ***Eilbrief*** -e [ˈailbri:f]

portofrei [ˈpɔrtofrai]

einen Brief erhalten [ainən ˈbri:f ˈeɐ̯haltn̩]

einen Brief beantworten [ainən ˈbri:f bəˈantvɔrtn̩]

jemandem einen Brief schicken [je:mandəm ainən ˈbri:f ˈʃɪkn̩]

das ***Einschreiben*** - [ˈainʃraibn̩]

der ***Briefkasten*** **-kästen** [ˈbri:fkastn̩]

DIE POST

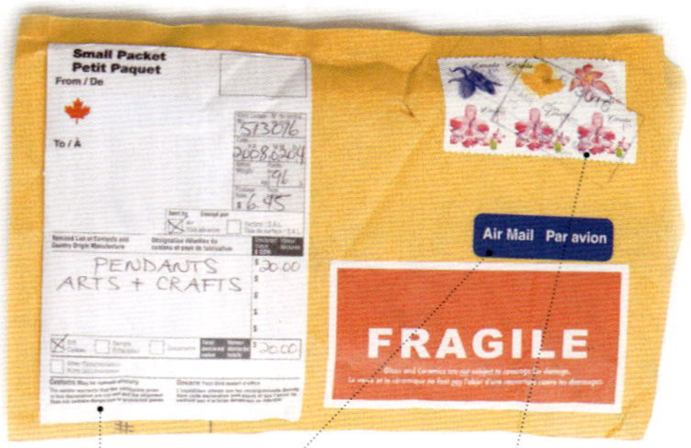

das ***Päckchen*** -
['pɛkçən]

per Luftpost
[pɛr 'lʊftpɔst]

das ***Porto*** -s; Porti
['pɔrto]

oben
['o:bn̩]

zerbrechlich
[tsɛɐ̯'brɛçlɪç]

vor Nässe schützen
[fɔɐ̯ 'nɛsə 'ʃʏtsn̩]

das ***Paket*** -e
[pa'ke:t]

liefern ['li:fɐn]
die ***Leerungszeiten*** Pl ['le:rʊŋstsaitn̩]
versandkostenfrei [fɛɐ̯'zantkɔstn̩frai]
das ***Gewicht*** -e [gə'vɪçt]
die ***Waage*** -n ['va:gə]
der ***Hausbriefkasten*** -kästen ['hausbri:fkastn̩]
die ***Postanweisung*** -en ['pɔstanvaizʊŋ]
Nicht knicken! ['nɪçt 'knɪkn̩]

KLEIDUNG

BABYSACHEN

die ***Stoffwindel*** *-n*
[ˈʃtɔfvɪndl̩]

die ***Wegwerfwindel*** *-n*
[ˈvɛkvɛrfvɪndl̩]

der ***Schneeanzug*** **-anzüge** [ˈʃneːʔantsuːk]

der ***Body*** *-s*
[ˈbɔdi]

der ***Babyfäustling*** **-e** [ˈbeːbifɔystlɪŋ]

der ***Strampler*** *-*
[ˈʃtramplɐ]

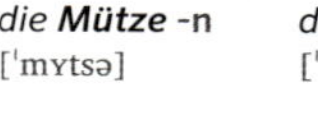

die ***Mütze*** *-n*
[ˈmʏtsə]

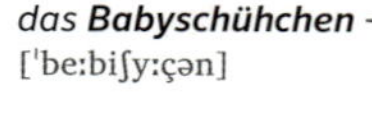

das ***Babyschühchen*** *-*
[ˈbeːbiʃyːçən]

der ***Schnuller*** *-*
[ˈʃnʊlɐ]

das ***Lätzchen*** *-*
[ˈlɛtsçən]

der ***Sonnenhut*** *-hüte*
[ˈzɔnənhuːt]

das ***Söckchen*** *-*
[ˈzœkçən]

die ***Babydecke*** *-n*
[ˈbeːbidɛkə]

HERRENKLEIDUNG

der **Anzug**
Anzüge
[ˈantsuːk]

der ***Kragen***
-; Krägen
[ˈkraːgən]

die ***Krawatte***
-n [kraˈvatə]

das ***Hemd***
-en [hɛmt]

der/das ***Sakko***
-s [ˈzako]

die ***Hose*** -n
[ˈhoːzə]

das ***T-Shirt*** -s
[ˈtiːʃøːɐ̯t]

das ***Polohemd*** -en
[ˈpoːlohɛmt]

der ***Rollkragenpullover***
\- [ˈrɔlkraːgn̩pʊloːvɐ]

die ***kurze Hose***
[kʊrtsə ˈhoːzə]

die ***Unterhose*** -n
[ˈʊntɐhoːzə]

die ***Badehose*** -n
[ˈbaːdəhoːzə]

DAMENKLEIDUNG

das **Schulterpolster** -
[ˈʃʊltɐpɔlstɐ]

das **Oberteil** -e
[ˈoːbɐtail]

der **Blazer**
- [ˈbleːzɐ]

die **Jeans** -
[ˈdʒiːnz]

die **Stiefelette**
-n [ʃtiːfəˈlɛtə]

das **Kleid** -er
[klait]

das **Trägertop** -s
[ˈtrɛːgɐtɔp]

die **Bluse** -n
[ˈbluːzə]

die **Strickjacke** -n
[ˈʃtrɪkjakə]

der **Rock**
Röcke [rɔk]

die **Shorts**
Pl [ʃoːɐ̯ts]

die **Strumpfhose** -n
[ˈʃtrʊmpfhoːzə]

die **Leggings** Pl
[ˈlɛgɪŋs]

der **BH** -; -s
[beːˈhaː]

der **Badeanzug** -anzüge [ˈbaːdəʔantsuːk]

der **Slip** -s
[slɪp]

die **Socke** -n
[ˈzɔkə]

die **Brille** -n
[ˈbrɪlə]

die **Sonnenbrille** -n
[ˈzɔnənbrɪlə]

der **Reißverschluss** -verschlüsse [ˈraisfɛɐ̯ʃlʊs]
der **Klettverschluss** -verschlüsse [ˈklɛtfɛɐ̯ʃlʊs]
die **Reisetasche** -n [ˈraizətaʃə]
der **Koffer** - [ˈkɔfɐ]
Könnte ich das mal anprobieren? [kœntə ɪç das maːl ˈanprobiːrən]
Haben Sie das auch eine Nummer größer/kleiner? [haːbn̩ ziː das aux ainə nʊmɐ ˈgrøːsɐ/ˈklainɐ]
Das passt gut, ich nehme es. [das past ˈguːt, ɪç ˈneːmə ɛs]
der **Knopf** Knöpfe [knɔpf]

der **Rucksack** -säcke
[ˈrʊkzak]

SCHUHE UND LEDERWAREN

die **Sandale** -n
[zanˈda:lə]

....

der **Gummistiefel** -
[ˈgʊmiʃti:fl̩]

....

der **Flip-Flop**® -s
[ˈflɪpflɔp]

....

der **hohe Stiefel**
[ho:hə ˈʃti:fl̩]

....

der **Turnschuh** -e
[ˈtʊrnʃu:]

....

der **Gürtel** -
[ˈgʏrtl̩]

....

der **Schnürschuh** -e
[ˈʃny:ɐ̯ʃu:]

....

der **Wanderstiefel** -
[ˈvandɐʃti:fl̩]

....

die **Trekkingsandale** -n
[ˈtrɛkɪŋzanda:lə]

....

der **Schnürsenkel** - [ˈʃny:ɐ̯zɛŋkl̩] ....
die **Gürtelschlaufe** -n [ˈgʏrtl̩ʃlaufə] ....
der **Keilabsatz** -absätze [ˈkailʔapzats] ....
der **Absatz** Absätze [ˈapzats] ....
die **Sohle** -n [ˈzo:lə] ....
der **Riemen** - [ˈri:mən] ....
die **Schnalle** -n [ˈʃnalə] ....

NOTDIENSTE

ERSTE HILFE

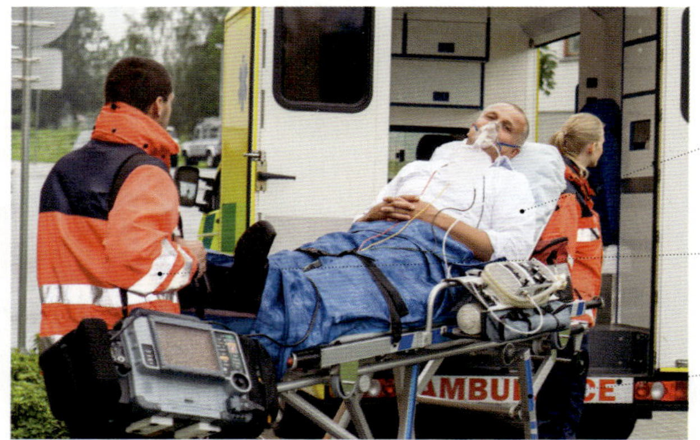

der ***Rettungswagen*** -
[ˈrɛtʊŋsvaːgn̩]

das ***Unfallopfer*** -
[ˈʊnfalʔɔpfɐ]

der ***Sanitäter*** -
[zaniˈtɛːtɐ]

die ***Trage*** -n
[ˈtraːgə]

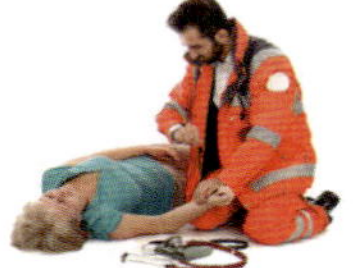

die ***Pulsmessung*** -en
[ˈpʊlsmɛsʊŋ]

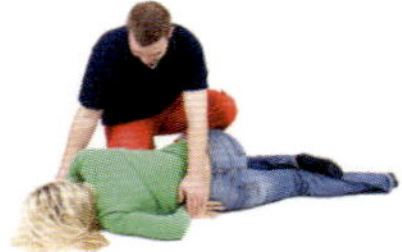

die ***stabile Seitenlage***
[ʃtaˈbiːlə ˈzaitn̩laːgə]

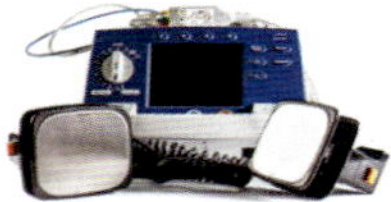

der ***Defibrillator*** -en
[defibrɪˈlaːtoːɐ̯]

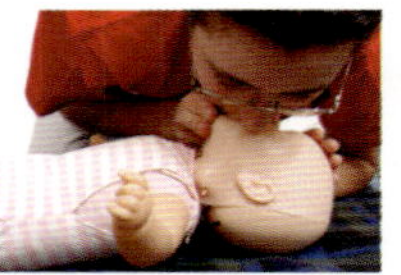

die ***Mund-zu-Mund-Beatmung*** -en
[mʊnttsuːˈmʊntbəʔaːtmʊŋ]

DIE POLIZEI

die **Polizistin** -nen [poliˈtsɪstɪn]

der **Polizist** -en [poliˈtsɪst]

das **Polizeiauto** -s [poliˈtsaiʔauto]

der **Einbruch** **Einbrüche** [ˈainbrʊx]

der **Diebstahl** **Diebstähle** [ˈdiːpʃtaːl]

die **Gewalt** **kein Pl** [gəˈvalt]

der **Raubüberfall** **-überfälle** [ˈraupʔyːbɐfal]

die **Straftat** -en [ˈʃtraːftaːt]
die **Körperverletzung** -en [ˈkœrpɐfɛɐlɛtsʊŋ]
die **Vergewaltigung** -en [fɛɐgəˈvaltɪgʊŋ]
der **Mord** -e [mɔrt]
der **Überfall** **Überfälle** [ˈyːbɐfal]
fliehen [ˈfliːən]
belästigen [bəˈlɛstɪgn̩]
die **Schuld** **kein Pl** [ʃʊlt]

der **Taschendiebstahl** **-diebstähle** [ˈtaʃn̩diːpʃtaːl]

DIE FEUERWEHR

der **Notausgang** **-ausgänge** [ˈnoːtʔausgaŋ]

der **Feuerwehrmann** **-männer** [ˈfɔyɐveːɐ̯man]

der **Feuerlöscher** - [ˈfɔyɐlœʃɐ]

der **Hydrant** -en [hyˈdrant]

der **Sammelpunkt** -e [ˈzaml̩pʊŋkt]

der **Rauchmelder** - [ˈrauxmɛldɐ]

die **Schwimmweste** -n [ˈʃvɪmvɛstə]

der **Rettungsring** -e [ˈrɛtʊŋsrɪŋ]

die **Notrufnummer** -n [ˈnoːtruːfnʊmɐ]

der/die **Vermisste** -n [fɛɐ̯ˈmɪstə]

die **Suchmannschaft** -en [ˈzuːxmanʃaft]

die **Gefahr** -en [ɡəˈfaːɐ̯]

Hilfe! [ˈhɪlfə]

Es ist ein Unfall passiert! [ɛs ɪst ain ˈʊnfal pasiːɐ̯t]

Rufen Sie einen Rettungswagen! [ruːfn̩ ziː ainən ˈrɛtʊŋsvaːɡn̩]

Rufen Sie die Polizei! [ruːfn̩ ziː diː poliˈtsai]

Rufen Sie die Feuerwehr! [ruːfn̩ ziː diː ˈfɔyɐveːɐ̯]

GELD, ZAHLEN UND ZEIT

DIE BANK

das ***Chipkartenterminal*** -s ['tʃipkartn̩tøɐ̯minl̩]

....

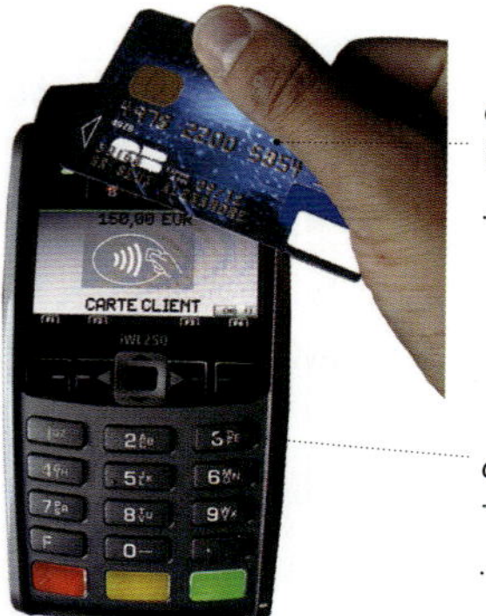

die ***EC-Karte*** -n [eː'tseːkartə]

....

das ***Tastenfeld*** -er ['tastn̩fɛlt]

....

der ***Schalter*** - ['ʃaltɐ]

....

die ***Kassiererin*** -nen [ka'siːrərɪn]

....

das ***Onlinebanking*** kein Pl ['ɔnlainbɛŋkɪŋ]

....

die ***Kontoüberziehung*** -en ['kɔntoʔyːbɐtsiːʊŋ] ....

das ***Girokonto*** -konten ['ʒiːrokɔnto] ....

das ***Sparkonto*** -konten ['ʃpaːɐ̯kɔnto] ....

die ***PIN-Nummer*** -n ['pɪnnʊmɐ] ....

der ***Zinssatz*** -sätze ['tsɪnszats] ....

das ***Darlehen*** - ['daːɐ̯leːən] ....

die ***Hypothek*** -en [hypo'teːk] ....

die ***Kontonummer*** -n ['kɔntonʊmɐ] ....

der **Geldschein** -e
['gɛltʃain]

die **Münze** -n
['mʏntsə]

die **Währung** -en
['vɛ:rʊŋ]

die **Kreditkarte** -n
[kre'di:tkartə]

der **Geldautomat** -en
['gɛltʔautoma:t]

Geld einzahlen
['gɛlt aintsa:lən]

Geld abheben
['gɛlt aphe:bn̩]

die **Rechnung** -en
['rɛçnʊŋ]

Könnten Sie mir das bitte wechseln?
[kœntn̩ zi: mi:ɐ das bɪtə 'vɛksl̩n]

Wie ist der aktuelle Wechselkurs?
['vi: ɪst de:ɐ̯ aktu̯ɛlə 'vɛksl̩kʊrs]

Ich möchte gerne ein Konto eröffnen.
[ɪç mœçtə gɛrnə ain 'kɔnto ɛɐ̯ʔœfnən]

der **Betrag** **Beträge** [bə'tra:k]

die **Provision** -en [provi'zi̯o:n]

die **Wechselstube** -n ['vɛksl̩ʃtu:bə]

der **Überweisungsschein** -e [y:bɐ'vaizʊŋsʃain]

DIE ZAHLEN

null
[nʊl]

....

eins
[ains]

....

zwei
[tsvai]

....

drei
[drai]

....

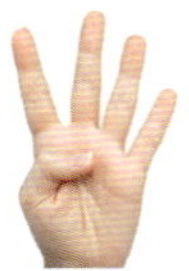

vier
[fiːɐ̯]

....

fünf
[fʏnf]

....

sechs
[zɛks]

....

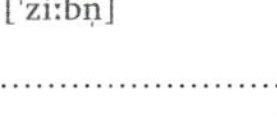

sieben
[ˈziːbn̩]

....

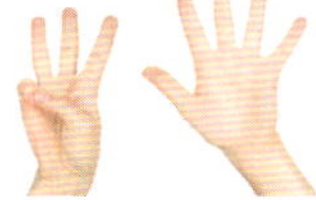

acht
[axt]

....

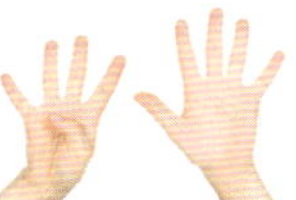

neun
[nɔyn]

....

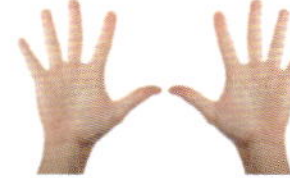

zehn
[tseːn]

....

elf [ɛlf]
zwölf [tsvœlf]
dreizehn [ˈdraitseːn]
vierzehn [ˈfɪrtseːn]
fünfzehn [ˈfʏnftseːn]
sechzehn [ˈzɛçtseːn]
siebzehn [ˈziːptseːn]
achtzehn [ˈaxtseːn]
neunzehn [ˈnɔyntseːn]
zwanzig [ˈtsvantsɪç]
einundzwanzig [ˈainʔʊnttsvantsɪç]
zweiundzwanzig [ˈtsvaiʔʊnttsvantsɪç]
dreiundzwanzig [ˈdraiʔʊnttsvantsɪç]
dreißig [ˈdraisɪç]
vierzig [ˈfɪrtsɪç]
fünfzig [ˈfʏnftsɪç]
sechzig [ˈzɛçtsɪç]
siebzig [ˈziːptsɪç]
achtzig [ˈaxtsɪç]
neunzig [ˈnɔyntsɪç]
hundert [ˈhʊndɐt]
zweihundertzweiundzwanzig [ˈtsvaihʊndɐttsvaiʔʊnttsvantsɪç]
tausend [ˈtauzn̩t]
zehntausend [ˈtseːntauzn̩t]
zwanzigtausend [ˈtsvantsɪçtauzn̩t]
fünfzigtausend [ˈfʏnftsɪçtauzn̩t]
fünfundfünfzigtausend [ˈfʏnfʔʊntfʏnftsɪçtauzn̩t]
hunderttausend [ˈhʊndɐttauzn̩t]
eine Million **Millionen** [ˈainə mɪˈli̯oːn]
eine Milliarde **Milliarden** [ˈainə mɪˈli̯ardə]
eine Billion **Billionen** [ˈainə bɪˈli̯oːn]

DIE ZAHLEN

erste(r, s) [ˈeːɐ̯stə] ....
zweite(r, s) [ˈtsvaitə] ....
dritte(r, s) [ˈdrɪtə] ....
vierte(r, s) [ˈfiːɐ̯tə] ....
fünfte(r, s) [ˈfʏnftə] ....
sechste(r, s) [ˈzɛkstə] ....
siebte(r, s) [ˈziːptə] ....
achte(r, s) [ˈaxtə] ....
neunte(r, s) [ˈnɔyntə] ....
zehnte(r, s) [ˈtseːntə] ....
elfte(r, s) [ˈɛlftə] ....
zwölfte(r, s) [ˈtsvœlftə] ....
dreizehnte(r, s) [ˈdraitseːntə] ....
vierzehnte(r, s) [ˈfɪrtseːntə] ....
fünfzehnte(r, s) [ˈfʏnftseːntə] ....
sechzehnte(r, s) [ˈzɛçtseːntə] ....
siebzehnte(r, s) [ˈziːptseːntə] ....
achtzehnte(r, s) [ˈaxttseːntə] ....
neunzehnte(r, s) [ˈnɔyntseːntə] ....
zwanzigste(r, s) [ˈtsvantsɪçstə] ....
einundzwanzigste(r, s) [ˈainʔʊnttsvantsɪçstə] ....
zweiundzwanzigste(r, s) [ˈtsvaiʔʊnttsvantsɪçstə] ....

dreißigste(r, s) [ˈdraisɪçstə] ....
vierzigste(r, s) [ˈfɪrtsɪçstə] ....
fünfzigste(r, s) [ˈfʏnftsɪçstə] ....
sechzigste(r, s) [ˈzɛçtsɪçstə] ....
siebzigste(r, s) [ˈzi:ptsɪçstə] ....
achtzigste(r, s) [ˈaxtsɪçstə] ....
neunzigste(r, s) [ˈnɔyntsɪçstə] ....
hundertste(r, s) [ˈhʊndɐtstə] ....
zweihunderterste(r, s) [tsvaihʊndɐtˈʔe:ɐ̯stə] ....
zweihundertfünfundzwanzigste(r, s) ....
[tsvaihʊndɐtfʏnfʔʊntˈtsvantsɪçstə] ....
dreihundertste(r, s) [ˈdraihʊndɐtstə] ....
tausendste(r, s) [ˈtauzn̩tstə] ....
zehntausendste(r, s) [ˈtse:ntauzn̩tstə] ....
millionste(r, s) [mɪˈli̯o:nstə] ....
zehnmillionste(r, s) [ˈtse:nmɪli̯o:nstə] ....
vorletzte(r, s) [ˈfɔɐ̯lɛtstə] ....
letzte(r, s) [ˈlɛtstə] ....

DIE ZAHLEN

ein halber/ein halbes/eine halbe [ain ˈhalbɐ/ain ˈhalbəs/ainə ˈhalbə]
ein Drittel [ain ˈdrɪtl̩]
ein Viertel [ain ˈfɪrtl̩]
ein Fünftel [ain ˈfʏnftl̩]
ein Achtel [ain ˈaxtl̩]
drei Viertel [drai ˈfɪrtl̩]
zwei Fünftel [tsvai ˈfʏnftl̩]
siebeneinhalb [zi:bn̩ainˈhalp]
zwei Siebzehntel [tsvai ˈzi:ptse:ntl̩]
fünf und drei Achtel [ˈfʏnf ʊnt drai ˈaxtl̩]
einmal [ˈainma:l]
zweimal [ˈtsvaima:l]
dreimal [ˈdraima:l]
viermal [ˈfi:ɐ̯ma:l]
mehrmals [ˈme:ɐ̯ma:ls]
manchmal [ˈmançma:l]
niemals [ˈni:ma:ls]
einfach [ˈainfax]
doppelt/zweifach [ˈdɔpl̩t/ˈtsvaifax]
dreifach [ˈdraifax]
vierfach [ˈfi:ɐ̯fax]
fünffach [ˈfʏnffax]
sechsfach [ˈzɛksfax]
mehrfach/vielfach [ˈme:ɐ̯fax/ˈfi:lfax]

ein Paar [ain ˈpa:ɐ̯] ....

ein paar [ain ˈpa:ɐ̯] ....

wenige [ˈve:nɪgə] ....

manche [ˈmançə] ....

viele [ˈfi:lə] ....

beide [ˈbaidə] ....

alle [ˈalə] ....

jeder/jede/jedes [ˈje:dɐ/ˈje:də/ˈje:dəs] ....

der ***Taschenrechner*** *-*
[ˈtaʃn̩rɛçnɐ]
....

das ***Prozent*** *-e*
[proˈtsɛnt]
....

der ***Dezimalpunkt*** *-e*
[detsiˈma:lpʊŋkt]
....

dividieren
[diviˈdi:rən]
....

multiplizieren
[mʊltipliˈtsi:rən]
....

subtrahieren
[zʊptraˈhi:rən]
....

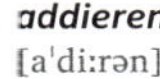

addieren
[aˈdi:rən]
....

ist gleich
[ɪst ˈglaiç]
....

DIE ZEIT

ein Uhr
['ain 'u:ɐ̯]

zwei Uhr
['tsvai 'u:ɐ̯]

drei Uhr
['drai 'u:ɐ̯]

vier Uhr
['fi:ɐ̯ 'u:ɐ̯]

fünf Uhr
['fʏnf 'u:ɐ̯]

sechs Uhr
['zɛks 'u:ɐ̯]

sieben Uhr
['zi:bn̩ 'u:ɐ̯]

acht Uhr
['axt 'u:ɐ̯]

zwölf Uhr mittags
['tsvœlf 'u:ɐ̯ 'mɪta:ks]

die ***Stunde*** -n ['ʃtʊndə]
die ***Minute*** -n [mi'nu:tə]
eine halbe Stunde [ainə 'halbə 'ʃtʊndə]
die ***Sekunde*** -n [ze'kʊndə]
Wie viel Uhr ist es? [vi: fi:l 'u:ɐ̯ ɪst ɛs]
Es ist zwei Uhr. [ɛs ɪst 'tsvai 'u:ɐ̯]
Um wie viel Uhr? [ʊm 'vi: fi:l 'u:ɐ̯]
Um sieben Uhr. [ʊm 'zi:bn̩ 'u:ɐ̯]

dreizehn Uhr
[ˈdraitseːn ˈuːɐ̯]

vierzehn Uhr
[ˈfɪrtseːn ˈuːɐ̯]

fünfzehn Uhr
[ˈfʏnftseːn ˈuːɐ̯]

sechzehn Uhr
[ˈzɛçtseːn ˈuːɐ̯]

siebzehn Uhr
[ˈziːptseːn ˈuːɐ̯]

dreiundzwanzig Uhr
[ˈdraiʔʊnttsvantsɪç ˈuːɐ̯]

Mitternacht
[ˈmɪtɐnaxt]

fünf nach zwölf
[ˈfʏnf naːx ˈtsvœlf]

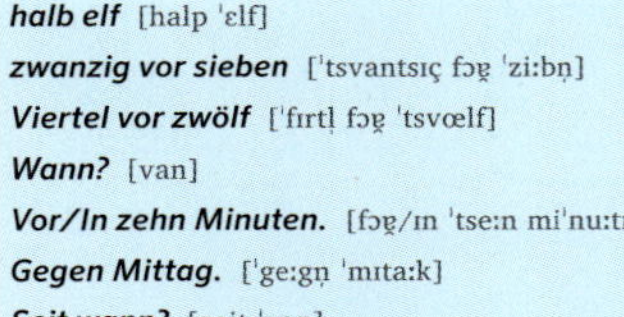

halb elf [halp ˈɛlf]

zwanzig vor sieben [ˈtsvantsɪç foːɐ̯ ˈziːbn̩]

Viertel vor zwölf [ˈfɪrtl̩ foːɐ̯ ˈtsvœlf]

Wann? [van]

Vor/In zehn Minuten. [foːɐ̯/ɪn ˈtseːn miˈnuːtn̩]

Gegen Mittag. [ˈgeːgn̩ ˈmɪtaːk]

Seit wann? [zait ˈvan]

Seit gestern. [zait ˈgɛstɐn]

Viertel nach neun
[ˈfɪrtl̩ naːx ˈnɔyn]

DIE ZEIT

die ***Mitternacht*** kein Pl [ˈmɪtɐnaxt]

der ***Morgen*** - [ˈmɔrgn̩]

der ***Mittag*** -e [ˈmɪtaːk]

der ***Nachmittag*** -e [ˈnaːxmɪtaːk]

der ***Abend*** -e [ˈaːbn̩t]

der ***Frühling*** -e [ˈfryːlɪŋ]

der ***Sommer*** - [ˈzɔmɐ]

der ***Herbst*** -e [hɛrpst]

der ***Winter*** - [ˈvɪntɐ]

heute [ˈhɔytə]
morgen [ˈmɔrgn̩]
übermorgen [ˈyːbɐmɔrgn̩]
gestern [ˈgɛstɐn]
vorgestern [ˈfɔɐ̯gɛstɐn]
Welches Datum haben wir heute? [vɛlçəs ˈdaːtʊm haːbn̩ viːɐ̯ ˈhɔytə]
der 9. September 2016 [deːɐ̯ ˈnɔyntə zɛpˈtɛmbɐ tsvaitausn̩tˈzɛçtseːn]
der ***Feiertag*** -e [ˈfaiɐtaːk]

der **Sonntag** -e
['zɔnta:k]

der **Dienstag** -e
['di:nsta:k]

der **Donnerstag** -e
['dɔnɐsta:k]

der **Monat** -e
['mo:nat]

der **Montag** -e
['mo:nta:k]

der **Mittwoch** -e
['mɪtvɔx]

der **Freitag** -e
['fraita:k]

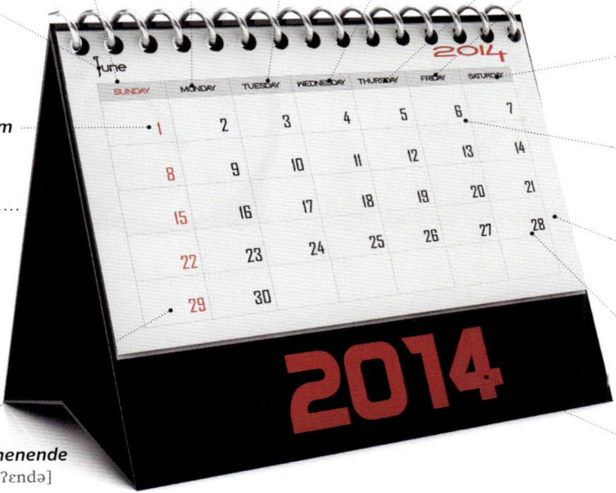

der **Samstag** -e
['zamsta:k]

das **Datum**
Daten
['da:tʊm]

der **Wochentag** -e
['vɔxn̩ta:k]

die **Woche** -n
['vɔxə]

der **Tag** -e
[ta:k]

das **Jahr** -e
['ja:ɐ̯]

das **Wochenende**
-n ['vɔxn̩ʔɛndə]

MASSE

das ***Pint*** *-s*
[paɪnt]

der/das ***Liter*** *-*
[ˈliːtɐ]

der/das ***Milliliter*** *-*
[mɪliˈliːtɐ]

die ***Unze*** *-n*
[ˈʊntsə]

das ***Gramm*** *-e; -*
[gram]

das ***Kilogramm*** *-e; -*
[ˈkiːlogram]

die ***Meile*** *-n*
[ˈmailə]

der ***Kilometer*** *-*
[kiloˈmeːtɐ]

der/das ***Meter*** *-* [ˈmeːtɐ]
der/das ***Quadratmeter*** *-* [kvaˈdraːtmeːtɐ]
der/das ***Millimeter*** *-* [mɪliˈmeːtɐ]
der/das ***Zentimeter*** *-* [tsɛntiˈmeːtɐ]
der ***Zoll*** *-* [tsɔl]

Mini-Sprachführer

Mini-Sprachführer

Mit diesen nützlichen Wörtern und Sätzen drücken Sie sich in den wichtigsten und häufigsten Situationen mit Sicherheit auf Deutsch aus.

Die wichtigsten Wörter

ja	[jaː]	
nein	[nain]	
gut	[guːt]	
schlecht	[ʃlɛçt]	
richtig	[ˈrɪçtɪç]	
falsch	[falʃ]	
okay	[oˈkeː]	
hier	[hiːɐ̯]	
dort	[dɔrt]	
mit	[mɪt]	
ohne	[ˈoːnə]	
und	[ʊnt]	
oder	[ˈoːdɐ]	

Toilette und Bad

Wo ist bitte die Toilette?	[ˈvoː ɪst bɪtə diː twaˈlɛtə]	
Damen	[ˈdaːmən]	
Herren	[ˈhɛrən]	
die Damentoilette	[ˈdaːməntwalɛtə]	
die Herrentoilette	[ˈhɛrəntwalɛtə]	

Im Gespräch

Begrüßen und verabschieden

Guten Tag!	[guːtn̩ ˈtaːk]	
Guten Abend!	[guːtn̩ ˈaːbn̩t]	
Hallo!	[haˈloː]	
Auf Wiedersehen!	[auf ˈviːdɐzeːən]	
Tschüss!	[tʃyːs]	

Höflichkeit

bitte	[ˈbɪtə]	
danke	[ˈdaŋkə]	
bitteschön	[ˈbɪtəʃøːn]	
Ja, bitte.	[jaː ˈbɪtə]	
Nein, danke.	[nain ˈdaŋkə]	
Keine Ursache!	[kainə ˈuːɐ̯zaxə]	
Entschuldigung	[ɛntˈʃʊldɪgʊŋ]	
Entschuldigen Sie, ...	[ɛntˈʃʊldɪgn̩ zi ...]	
Das tut mir leid.	[das tuːt miːɐ̯ ˈlait]	
Wie geht's?	[viː ˈgeːts]	
Danke, gut. Und Ihnen/dir?	[ˈdaŋkə guːt ʊnt ˈiːnən/ˈdiːɐ̯]	

Kommunikation

Wie bitte?	[vi: 'bɪtə]	....
Ich verstehe.	[ɪç fɛr'ʃte:ə]	....
Ich verstehe nicht.	[ɪç fɛr'ʃte:ə nɪçt]	....
Könnten Sie das bitte wiederholen?	['kœntən zi: das bɪtə vi:dɐ'ho:lən]	....
Könnten Sie bitte langsamer sprechen?	['kœntən zi: bɪtə 'laŋza:mɐ ʃprɛçn̩]	....
Könnten Sie das bitte aufschreiben?	['kœntən zi: das bɪtə 'aufʃraibn̩]	....
Was bedeutet ...?	['vas bə'dɔytət ...]	....

Sich vorstellen

Wie heißt du?	[vi: 'haist du:]	....
Wie heißen Sie?	[vi: 'haisn̩ zi:]	....
Ich heiße ...	[ɪç 'haisə ...]	....
Das ist mein Mann.	['das ɪst main 'man]	....
Das ist meine Frau.	['das ɪst mainə 'frau]	....
Das ist mein Partner.	['das ɪst main 'partnɐ]	....
Das ist meine Partnerin.	['das ɪst mainə 'partnərɪn]	....
Das ist mein Freund.	['das ɪst main 'frɔynt]	....
Das ist meine Freundin.	['das ɪst mainə 'frɔyndɪn]	....
Das ist mein Sohn.	['das ɪst main 'zo:n]	....

Das ist meine Tochter.	['das ɪst mainə 'tɔxtɐ]	
Das ist mein Kollege.	['das ɪst main kɔ'le:gə]	
Das ist meine Kollegin.	['das ɪst mainə kɔ'le:gɪn]	
Woher kommen Sie?	[vo'he:ɐ̯ 'kɔmən zi:]	
Woher kommst du?	[vo'he:ɐ̯ 'kɔmst du:]	
Ich komme aus ...	[ɪç 'kɔmə aus ...]	
Hier ist meine E-Mail-Adresse.	[hi:ɐ̯ ɪst mainə 'i:me:ladrɛsə]	
Hier ist meine Telefonnummer.	[hi:ɐ̯ ɪst mainə [te:le'fo:nnʊmɐ]	

Telefonieren

Ich möchte nach ... telefonieren.	['ɪç mœçtə na:x ... telefo'ni:rən]	
Wie viel kostet es pro Minute?	['vi: fi:l kɔstət ɛs pro: mi'nu:tə]	
In welche Kabine soll ich gehen?	[ɪn vɛlçə ka'bi:nə zɔl ɪç 'ge:ən]	
Ich möchte meine Karte aufladen.	['ɪç mœçtə mainə 'kartə aufla:dn̩]	
Mein Provider ist ...	[main pro'vaidɐ ɪst ...]	
Ich hätte gern eine Telefonkarte, bitte.	['ɪç hɛtə gɛrn ainə 'te:lefo:nkartə bɪtə]	
Ich hätte gern ein Handy mit einer Prepaid-Karte, bitte.	[ɪç hɛtə gɛrn ain 'hɛndi mɪt ainɐ 'pri:peɪtkartə bɪtə]	
Ich hätte gern eine SIM-Karte, bitte.	['ɪç hɛtə gɛrn ainə 'zɪmkartə bɪtə]	
Mein Akku ist leer.	[main 'aku ɪst le:ɐ̯]	
Hier spricht ...	['hi:ɐ̯ ʃprɪçt '...]	
Mit wem spreche ich bitte?	[mɪt 've:m 'ʃprɛçə ɪç bɪtə]	
Kann ich bitte Herrn/Frau ... sprechen?	[kan ɪç 'bɪtə hɛrn/frau '... ʃprɛçn̩]	
Könnten Sie mich mit Herrn/Frau ... verbinden?	['kœntən zi: mɪç mɪt hɛrn/frau '... fɛrbɪndn̩]	
Tut mir leid, er/sie ist nicht da.	[tu:t mi:ɐ̯ lait 'e:ɐ̯/'zi: ɪst nɪçt 'da:]	
Kann er/sie Sie zurückrufen?	[kan 'e:ɐ̯/'zi: zi: tsu'rʏkru:fn̩]	

Unterwegs

Bahn

Eine einfache Fahrt nach ..., bitte.	[ainə 'ainfaxə faːɐ̯t naːx … bɪtə]	
Einmal ... hin und zurück, bitte.	['ainmaːl … 'hɪn ʊnt tsu'rʏk bɪtə]	
Mit Sitzplatzreservierung, bitte.	[mɪt 'zɪtsplatsrezɛrviːrʊŋ bɪtə]	
Wann fährt der nächste Zug ab?	['van fɛːɐ̯t deːɐ̯ nɛːçstə 'tsuːk ap]	
Wo muss ich umsteigen?	['voː mʊs ɪç 'ʊmʃtaigŋ̩]	
Von welchem Gleis fährt der Zug nach ...?	[fɔn 'vɛlçəm glais fɛːɐ̯t deːɐ̯ 'tsuːk naːx …]	
Ist dieser Platz noch frei?	[ɪst 'diːzɐ plats nɔx 'frai]	
Das ist mein Platz.	['das ɪst 'main plats]	
Hält dieser Zug in ...?	[hɛlt 'diːzɐ tsuːk ɪn …]	
der Ausdruck	['ausdrʊk]	
der Bahnhof	['baːnhoːf]	
die Fahrkarte	['faːɐ̯kartə]	
der Fahrplan	['faːɐ̯plaːn]	
die Internetbuchung	['ɪntɐnɛtbuːxʊŋ]	
die Schließfächer	[ʃliːsfɛçɐ]	
der Wagen	['vaːgn̩]	
der Zuschlag	['tsuːʃlaːk]	

Bus

Welche Linie fährt nach ...?	[ˈvɛlçə liːni̯ə fɛːɐ̯t naːx …]	
Welche Linie fährt zur Stadtmitte?	[ˈvɛlçə liːni̯ə fɛːɐ̯t tsuːɐ̯ ˈʃtatmɪtə]	
Welche Linie fährt zum Bahnhof?	[ˈvɛlçə liːni̯ə fɛːɐ̯t tsum ˈbaːnhoːf]	
Wann fährt der nächste Bus nach …?	[ˈvan fɛːɐ̯t deːɐ̯ ˈnɛːçstə bʊs naːx …]	
Wo bekomme ich eine Fahrkarte?	[ˈvoː bəkɔmə ɪç ainə ˈfaːɐ̯kartə]	
Wo muss ich aussteigen?	[ˈvoː mʊs ɪç ˈausʃtaign̩]	
Wie viele Haltestellen sind es?	[ˈviː fiːlə ˈhaltəʃtɛlən zɪnt ɛs]	
Fährt dieser Bus nach ...?	[fɛːɐ̯t ˈdiːzɐ bʊs naːx …]	
Gibt es Tageskarten?	[gɪpt ɛs ˈtaːgəskartn̩]	
Gibt es Wochenkarten?	[gɪpt ɛs ˈvɔxənkartn̩]	

Auto

der Führerschein	[ˈfy:rɐʃain]	
Entschuldigen Sie bitte, wie komme ich nach ...?	[ɛntˈʃʊldɪgn̩ zi: bɪtə ˈvi: kɔmə ɪç na:x ...]	
Entschuldigen Sie bitte, wo ist ...?	[ɛntˈʃʊldɪgn̩ zi: bɪtə ˈvo: ɪst ...]	
Entschuldigen Sie bitte, ist das die Straße nach ...?	[ɛntˈʃʊldɪgn̩ zi: bɪtə ɪst ˈdas di: ˈʃtra:sə na:x ...]	
Wie weit ist es?	[vi ˈvait ɪst ɛs]	
die Ecke	[ˈɛkə]	
gegenüber	[ge:gn̩ʔˈy:bɐ]	
geradeaus	[gəra:dəʔˈaus]	
hinter	[ˈhɪntər]	
in der Nähe von	[ɪn de:ɐ̯ ˈnɛ:ə fɔn]	
Kurve	[ˈkʊrvə]	
links	[lɪŋks]	
nah	[ˈna:]	
neben	[ˈne:bn̩]	
rechts	[rɛçts]	
vor	[fɔɐ̯]	
weit	[vait]	
zwischen	[ˈtsvɪʃn̩]	

Der Arztbesuch

der Facharzt, die Fachärztin	[ˈfaxaːɐ̯tst, ˈfaxɛːɐ̯tstɪn]	
der Hausarzt, die Hausärztin	[ˈhausaːɐ̯tst, ˈhausɛːɐ̯tstɪn]	
die Notrufnummer	[ˈnoːtruːfnʊmɐ]	
die Überweisung	[yːbɐˈvaizʊŋ]	
Ich bin krankenversichert.	[ɪç bɪn ˈkraŋkn̩fɛɐ̯zɪçɐ̯t]	
Ich möchte von einer Ärztin behandelt werden, bitte.	[ˈɪç mœçtə fɔn ainɐ ˈɐ̯tstɪn bəhandl̩t veːɐ̯dn̩ bɪtə]	
Es tut hier weh.	[ɛs tuːt ˈhiːɐ̯ veː]	
Ich bin ohnmächtig geworden.	[ɪç bɪn ˈoːnmɛçtɪç gəvɔrdn̩]	
Ich fühle mich sehr schwach/müde.	[ɪç ˈfyːlə mɪç zeːɐ̯ ˈʃvax/ˈmyːdə]	
Ich habe mich erbrochen.	[ɪç haːbə mɪç ɛɐ̯ˈbrɔxn̩]	
Ich habe Herzbeschwerden.	[ɪç haːbə ˈhɛrtsbəʃveːɐ̯dn̩]	
Ich habe Atembeschwerden.	[ɪç haːbə ˈaːtəmbəʃveːɐ̯dn̩]	
Ich habe Zahnschmerzen.	[ɪç haːbə ˈtsaːnʃmɛrtsn̩]	
Ich habe eine Füllung verloren.	[ɪç haːbə ainə ˈfʏlʊŋ fɛɐ̯loːrən]	
Mir ist übel.	[miːɐ̯ ɪst ˈyːbl̩]	
Mir ist schwindlig.	[miːɐ̯ ɪst ˈʃvɪndlɪç]	
Ich bin allergisch gegen Antibiotika.	[ˈɪç bɪn aˈlɛrgɪʃ geːgn̩ antiˈbi̯oːtika]	
Ich bin allergisch gegen Bienen.	[ˈɪç bɪn aˈlɛrgɪʃ geːgn̩ ˈbiːnən]	
Ich bin allergisch gegen Pollen.	[ˈɪç bɪn aˈlɛrgɪʃ geːgn̩ ˈpɔlən]	
Ich bin Diabetiker/Diabetikerin.	[ˈɪç bɪn diaˈbeːtikɐ/diaˈbeːtikərɪn]	

Ich bin schwanger.	[ˈɪç bɪn ˈʃvaŋɐ]	....
Ist es ansteckend?	[ɪst ɛs ˈanʃtɛkn̩t]	....
Ich brauche ein Rezept für ...	[ɪç ˈbrauxə ain reˈtsɛpt fyːɐ̯ ...]	....
Ich bin gegen Hepatitis A und B geimpft.	[ɪç bɪn geːgn̩ hepaˈtiːtɪs ˈaː ʊnt ˈbeː gəˈɪmpft]	....
Ich bin gegen Tetanus geimpft.	[ɪç bɪn geːgn̩ ˈtɛtanʊs gəˈɪmpft]	....
Ich nehme Medikamente gegen ...	[ɪç ˈneːmə medikaˈmɛntə geːgn̩ ...]	....
Wie (oft) muss ich es einnehmen?	[viː (ˈɔft) mʊs ɪç ɛs ˈainneːmən]	....

INDEX

Index Deutsch

INDEX DEUTSCH

C

D

E

F

I

J

K

L

T

U

BILDNACHWEIS

*= © Fotolia.com

10 */Alexander Raths, 10 */Jeanette Dietl, 10 */Forgiss, 10 */paulmz, 10 */fotodesign-jegg.de, 10 */mimagephotos, 10 */Syda Productions, 10 */iko, 10 */Jeanette Dietl, 10 */drubig-photo, 10 */oocoskun, 11 */damato, 11 */vbaleha, 11 */Rido, 11 */Ljupco Smokovski, 11 */Jeanette Dietl, 11 */Janina Dierks, 11 */Valua Vitaly, 11 */Rido, 11 */Andres Rodriguez, 11 */Syda Productions, 11 */Valua Vitaly, 12 */Dmitry Lobanov, 12 */Samuel Borges, 12 */DenisNata, 12 */Pavel Losevsky, 12 */WONG SZE FEI, 12 */vgstudio, 12 */Ariwasabi, 13 */Gabriel Blaj, 13 */endostock, 13 */mma23, 13 */Jasmin Merdan, 13 */Tom Wang, 13 */JanMika, 13 */Picture-Factory, 14 */BeTa-Artworks, 14 */michaeljung, 14 */Savannah1969, 14 */patpitchaya, 14 */Sabphoto, 14 */Cello Armstrong, 14 */eyetronic, 14 */Danilo Rizzuti, 14 */Ruth Black, 16 */JSB, 16 */Tiberius Gracchus, 16 */visivasnc, 16 */Lasse Kristensen, 16 */Speedfighter, 16 */Bokicbo, 16 */typomaniac, 16 */O.M., 16 */designsstock, 17 */Kurhan, 17 */Brilliant Eagle, 17 */Iriana Shiyan, 17 */terex, 17 */Sashkin, 17 */pyzata, 17 */Igor Kovalchuk, 17 */Maksym Yemelyanov, 17 */pabijan, 18 */Magda Fischer, 19 */Bert Folsom, 19 */Aleksandar Jocic, 19 */yevgenromanenko, 19 */Aleksandr Ugorenkov, 19 */luchshen, 19 */sokrub, 19 */sokrub, 19 */okinawakasawa, 19 */Delphimages, 19 */arteferretto, 19 */Kitch Bain, 19 */Chris Brignell, 20 */Iriana Shiyan, 21 */pics721, 22 */stock_for_free, 23 */mrgarry, 23 */mariocigic, 23 Thinkstock/Hemera, 23 */Denis Gladkiy, 23 */Sergii Moscaliuk, 23 */okinawakasawa, 23 */Alexander Morozov, 23 */kmiragaya, 23 */Alexander Morozov, 23 */Nikola Bilic, 23 */Alona Dudaieva, 23 */Piotr Pawinski, 24 */Kitch Bain, 24 */pholien, 24 */cretolamna, 24 */Harald Biebel, 24 */M.R. Swadzba, 24 */IrisArt, 24 */cretolamna, 24 */picsfive, 24 */Schwoab, 24 */cretolamna, 24 */Stefan Balk, 24 */karandaev, 25 */2mmedia, 26 */simmittorok, 26 */Liliia Rudchenko, 26 */venusangel, 26 */Ljupco Smokovski, 26 */Maksim Kostenko, 26 Thinkstock/Stockbyte, 26 */Xuejun li, 26 */Ljupco Smokovski, 26 */Coprid, 26 */Yingko, 26 Thinkstock/NikolayK, 26 */srdjan111, 27 */adpePhoto, 27 */Africa Studio, 27 */Tiler84, 27 */NilsZ, 27 */Coprid, 28 */Sashkin, 28 */Creatix, 28 */Katrina Brown, 28 */Ljupco Smokovski, 29 */Okea, 30 */kmit, 30 */claudio, 30 */tuja66, 30 */corund, 30 */mick20, 30 */Denis Dryashkin, 30 */tuja66, 30 */CE Photography, 30 */tuja66, 30 */Бурдюков Андрей, 30 */vav63, 31 */Rynio Productions, 31 */Rynio Productions, 31 */scis65, 31 */Coprid, 31 */f9photos, 31 */Freer, 32 */Africa Studio, 32 */ankiro, 32 */Ionescu Bogdan, 32 */Denys Rudyi, 32 */tuja66, 33 */Nomad_Soul, 33 */twister025, 33 */egorovvasily, 33 */womue, 33 Thinkstock/iStockphoto, 33 Thinkstock/iStockphoto, 33 */by-studio, 33 */cherezoff, 34 */Zbyszek Nowak, 34 */opasstudio, 34 */photka, 34 */photka, 34 */Gerald Bernard, 34 */steamroller, 34 */Kasia Bialasiewicz, 34 */mopsgrafik, 34 */fotoschab, 36 Thinkstock/Keith Levit Photography, 36 Thinkstock/iStockphoto, 36 Thinkstock/iStockphoto, 36 Thinkstock/iStockphoto, 36 Thinkstock/iStockphoto, 37 Thinkstock/Fuse, 37 */Alexandra Gl, 38 */leremy, 38 */leremy, 38 */leremy, 38 */leremy, 38 */leremy, 38 */mrtimmi, 38 */mrtimmi, 38 */mrtimmi, 38 */Bobo, 38 */leremy, 38 */leremy, 38 */FelixCHH, 39 */Vladimir Kramin, 40 */algre, 41 Thinkstock/iStockphoto, 41 */Michael Seidel, 42 Thinkstock/iStockphoto, 42 */Lasse Kristensen, 43 Thinkstock/Stockbyte, 44 Thinkstock/iStockphoto, 44 Thinkstock/iStockphoto, 44 Thinkstock/iStockphoto, 44 Thinkstock/iStockphoto, 44 */Bikeworldtravel, 45 Thinkstock/iStockphoto, 45 Thinkstock/iStockphoto, 46 */Fotito, 46 */tr3gi, 48 */unpict, 48 */Teamarbeit, 48 Dreamstime/Christian Jung, 48 */ExQuisine, 48 */Rémy MASSEGLIA, 48 */lunamarina, 48 */Witold Krasowski, 48 */Dionisvera, 48 */angorius, 48 */Dani Vincek, 48 */felinda, 48 */pedrolieb, 49 */ExQuisine, 49 */volff, 49 Shutterstock/shutterstock.com/Multiart, 50 */valeriy555, 50 */valeriy555, 50 */Barbara Pheby, 50 */volga1971, 50 Dreamstime/Robynmac - Dreamstime.com, 50 */Anna Kucherova, 51 */jerome signoret, 51 */boguslaw, 51 */World travel images, 51 */margo555, 51 */Wolfgang Jargstorff, 52 */valeriy555, 52 */silencefoto, 52 */valeriy555, 52 */valeriy555, 52 */photocrew, 52 */valeriy555, 52 */valeriy555, 52 */Zbyszek Nowak, 52 */Andrey Starostin, 53 */azureus70, 53 */valeriy555, 53 */valeriy555, 53 */valeriy555, 53 */valeriy555, 53 */valeriy555, 53 */valeriy555, 53 */valeriy555, 53 */valeriy555, 54 */valeriy555, 54 Dreamstime/ Skyper1975, 54 */Werner Fellner, 54 */marilyn barbone, 55 Dreamstime/Sergioz, 55 */Africa Studio, 55 */Inga Nielsen, 55 */Inga Nielsen, 55 */Inga Nielsen, 55 */Boris Ryzhkov, 56 Dreamstime/Jirkaejc, 56 */Sergejs Rahunoks, 56 Dreamstime/Givaga, 56 */the_pixel, 56 */Liaurinko, 56 */midosemsem, 56 */Jiri Hera, 56 */juri semjonow, 56 */Brad Pict, 56 */Julian Weber, 56 */Olegich, 56 */komar.maria, 57 */Jiri Hera, 57 */Nitr, 57 */Nitr, 57 */pabijan, 57 */Fotofermer, 57 */gtranquillity, 57 */gtranquillity, 57 */Nitr, 57 */Taffi - Fotolia.cfom, 57 */Taffi, 58 */Jiri Hera, 58 */Liaurinko, 58 */Dmytro Sukharevskyy, 58 */Dmytro Sukharevskyy, 58 */Dmytro Sukharevskyy, 58 */uckyo, 58 */torsakarin, 58 */Thibault Renard, 58 */Dmytro Sukharevskyy, 59 */Jack Jelly, 59 */aktifreklam, 59 */Jacek Chabraszewski, 59 iStockphoto/Gordana Sermek, 59 */Africa Studio, 60 */ashka2000, 60 */womue, 60 */reineg, 60 */reineg, 60 */reineg, 60 */reineg, 60 */Subbotina Anna, 60 */rangizzz, 60 */sjhuls, 61 */Minerva Studio, 61 */eyetronic, 61 */AlienCat, 61 */Thomas Francois, 61 */ag visuell, 62 */Art Allianz, 62 */adisa, 62 */Pumba, 62 */adisa, 62 */Vitaly Maksimchuk, 62 Thinkstock/iStockphoto, 62 */amlet, 62 Thinkstock/ Brand X Pictures, 62 */Joshhh,

62 */808isgreat, **62** Thinkstock/iStockphoto, **62** */Andres Rodriguez, **66** Thinkstock/Zoonar, **66** Thinkstock/Hemera @ Getty Images, **67** */Valua Vitaly, **68** */pixelcaos, **69** */Lsantilli, **69** */Sven Bähren, **69** */Tyler Olson, **69** */GordonGrand, **69** */iStockphoto, **69** Thinkstock/oksun70, **69** */Robert Angermayr, **70** */Alexander Raths, **70** */Creativa, **70** */ISO K° - photography, **70** */Sashkin, **71** */Monkey Business, **71** */dalaprod, **71** */drubig-photo, **71** */drubig-photo, **72** */Africa Studio, **72** */iko, **72** */DoraZett, **72** */Creativa, **72** */Gina Sanders, **72** */Subbotina Anna, **72** */drubig-photo, **72** */Ocskay Bence, **72** */detailblick, **72** */Kurhan, **72** */smikeymikey1, **72** */Dmitry Lobanov, **73** Thinkstock/iStockphoto, **73** */Guido Grochowski, **73** */Dmitry Vereshchagin, **73** */treetstreet, **73** */Peter Atkins, **73** */Bandika, **73** */wckiw, **74** */Igor Mojzes, **74** */st-fotograf, **74** */Vidady, **74** Thinkstock/iStockphoto, **74** Thinkstock/iStockphoto, **74** */Gelpi, **74** */Volker Witt, **74** */apops, **74** */juefraphoto, **75** */Michael Schütze, **75** */ brozova, **75** */Rodja, **75** Thinkstock/iStockphoto, **75** */cristi180884, **76** */Africa Studio, **76** */Africa Studio, **76** */Coprid, **76** */Anatoly Repin, **76** */adisa, **76** */Manuel Schäfer, **77** */seen, **77** */only4denn, **77** */Coprid, **77** */blondina93, **77** */by-studio, **77** */Jiri Hera, **77** */Johanna Goodyear, **77** */Tharakorn, **77** */terex, **78** */wiedzma, **78** */kontur-vid, **78** */picsfive, **78** */pattarastock, **78** */NilsZ, **78** */picsfive, **78** */picsfive, **78** */ksena32, **78** */cristi180884, **78** */nito, **78** */Tarzhanova, **78** */bpstocks, **80** */contrastwerkstatt, **80** */A_Bruno, **81** */Africa Studio, **81** */Diana Taliun, **81** */Rulan, **81** */interklicks, **81** Thinkstock/iStockphoto, **82** */Picture-Factory, **82** */Carlos Caetano, **82** */vda_82, **82** */vetkit, **82** */Jacek Fulawka, **83** */Viorel Sima, **83** */Brian Jackson, **84** */TAlex, **84** */Maksym Yemelyanov, **84** */Vitas, **84** Thinkstock/iStockphoto, **84** */Artur Synenko, **85** */dimakp, **85** */heigri, **85** */Lusoimages, **85** */Apart Foto, **85** */sonne fleckl, **85** */Manuela Fiebig, **85** */Klaus Eppele, **85** */Artur Synenko, **85** */Gina Sanders, **86** */snyfer, **86** */snyfer, **86** */Iurii Timashov, **86** */Iurii Timashov, **86** */Iurii Timashov, **86** */Iurii Timashov, **86** */Iurii Timashov, **86** */Iurii Timashov, **86** */WonderfulPixel, **86** */Iurii Timashov, **86** */Iurii Timashov, **86** */Iurii Timashov, **87** */WonderfulPixel, **87** */WonderfulPixel, **87** */WonderfulPixel, **87** */WonderfulPixel, **87** */vasabii, **87** */grgroup, **87** */ vector_master, **87** */Vectorhouses, **87** */Vectorhouses, **88** */Metin Tolun, **88** */Do Ra, **88** */Do Ra, **88** */Do Ra, **88** */Do Ra, **88** */Do Ra, **88** */Palsur, **88** */marog-pixcells, **88** */Palsur, **89** */inal09, **89** */mtkang, **89** */by-studio, **89** */Scanrail, **89** */RTimages, **89** */Coprid, **89** */Palsur, **89** */Andrew Barker, **90** */ashumskiy, **90** */Vitas, **90** */singkham, **91** */Scanrail, **91** */Dron, **92** Thinkstock/iStockphoto, **92** */gradt, **92** */JiSIGN, **92** */JiSIGN, **92** */JiSIGN, **94** */boumen apet, **94** */Vera Anistratenko, **94** */carol_anne, **94** */Andrey Armyagov, **94** */Pamela Uyttendaele, **94** */Zbyszek Nowak, **94** */Michaela Pucher, **94** */Katrina Brown, **95** */Karramba Production, **95** */BEAUTYofLIFE, **95** */Khvost, **95** */Khvost, **95** */Elnur, **95** */Gordana Sermek, **95** */Alexandra Karamyshev, **96** */mimagephotos, **96** */Alexandra Karamyshev, **96** */ludmilafoto, **96** */okinawakasawa, **96** Thinkstock/Alexandru Chiriac, **96** */cedrov, **96** */Khvost, **97** */Elnur, **97** */Elnur, **97** */Ruslan Kudrin, **97** */Alexandra Karamyshev, **97** */Robert Lehmann, **97** */Liaurinko, **97** */rangizzz, **97** */Jiri Hera, **97** */Andrew Buckin, **98** */adisa, **98** */PRILL Mediendesign, **98** */Africa Studio, **98** */adisa, **98** */humbak, **98** */Jiri Hera, **98** */Andre Plath, **98** */Alexander Raths, **98** */thaikrit, **100** */CandyBox Images, **100** */Roman Milert, **100** */Volker Witt, **100** */ AK-DigiArt, **100** */Dario Lo Presti, **101** Thinkstock/Photodisc, **101** */Lukas Sembera, **101** */koszivu, **101** */Photographee.eu, **101** */Monkey Business, **101** */Photographee.eu, **101** */Gerhard Seybert, **102** */ PictureArt, **102** */ Arcady, **102** */playstuff, **102** */beermedia, **102** */Igor Kovalchuk, **102** */Fiedels, **102** */Birgit Reitz-Hofmann, **102** */Claudio Divizia, **102** */Kalle Kolodziej, **104** */qech, **104** */contrastwerkstatt, **104** */Santiago Cornejo, **105** */eyewave, **105** */jogyx, **105** */Joop Hoek, **105** */T. Michel, **105** Thinkstock/iStockphoto, **105** Thinkstock/photodisc (Keith Brofsky), **105** */LVDESIGN, **105** */lowtech24, **105** Thinkstock/iStockphoto, **106** */DDRockstar, **106** */Denys Prykhodov, **106** */Denys Prykhodov, **106** */Denys Prykhodov, **106** */Denys Prykhodov, **106** */Denys Prykhodov, **106** */Denys Prykhodov, **106** */Africa Studio, **106** */Africa Studio, **106** */Africa Studio, **106** */DB, **111** */robert, **112** */magann, **112** */magann, **112** */magann, **112** */magann, **112** */magann, **112** */magann, **112** */magann, **112** */magann, **112** */magann, **113** */magann, **113** */magann, **113** */magann, **113** */magann, **113** */magann, **113** */magann, **113** */magann, **113** */vvoe, **113** */Lucky Dragon, **114** */tomreichner, **114** */in-foto-backgrounds, **114** */Reicher, **114** */ARochau, **114** */Beboy, **114** */Dmytro Smaglov, **114** */Anton Gvozdikov, **114** */sborisov, **114** */Netzer Johannes, **115** */Maria Vazquez, **116** */m.u.ozmen, **116** */hayo, **116** */lucato, **116** */www.strubhamburg.de.

Das „*Bildwörterbuch – 1.500 nützliche Wörter für den Alltag*“ finden Sie in den folgenden Sprachen:

Arabisch	ISBN: 978-3-12-516012-5
Bulgarisch	ISBN: 978-3-12-516055-2
Deutsch als Fremdsprache	ISBN: 978-3-12-516002-6
Deutsch als Fremdsprache – Ausgangssprache	
Arabisch	ISBN: 978-3-12-516040-8
Englisch	ISBN: 978-3-12-516003-3
Französisch	ISBN: 978-3-12-516004-0
Griechisch	ISBN: 978-3-12-516057-6
Italienisch	ISBN: 978-3-12-516006-4
Japanisch	ISBN: 978-3-12-516058-3
Kroatisch	ISBN: 978-3-12-516060-6
Niederländisch	ISBN: 978-3-12-516059-0
Paschto	ISBN: 978-3-12-516056-9
Persisch	ISBN: 978-3-12-516042-2
Polnisch	ISBN: 978-3-12-516007-1
Portugiesisch	ISBN: 978-3-12-516013-2
Rumänisch	ISBN: 978-3-12-516014-9
Russisch	ISBN: 978-3-12-516008-8
Schwedisch	ISBN: 978-3-12-516061-3
Spanisch	ISBN: 978-3-12-516005-7
Türkisch	ISBN: 978-3-12-516009-5
Ungarisch	ISBN: 978-3-12-516062-0

je 4,99 € **[D, A]**

PONS
Bildwörterbuch Deutsch als Fremdsprache

Bearbeitet von: Gregor Vetter

1. Auflage 2016 (1,08 – 2025)

www.pons.de

Projektleitung: Helen Schmidt
Innenlayout: Petra Michel, Essen
Satz: Lumina Datamatics Ltd.
Umschlagfotos vorne, hinten: Shutterstock/mama_mia, Thinkstock/f9photos
Logoüberarbeitung: Sabine Redlin, Ludwigsburg
Druck: Publikum d.o.o

ISBN: 978-3-12-516002-6